Die wichtigsten Forstinsekten der Schweiz

und des angrenzenden Auslandes

Prof. Dr. Georg Benz
Professor für Entomologie, ETH Zürich

Dr. Markus Zuber
Entomologisches Institut, ETH Zürich

Verlag der Fachvereine Zürich

ISBN 3 7281 2053 7

 Der Verlag dankt dem Schweizerischen Bankverein
für die Unterstützung zur Verwirklichung seiner Verlagsziele

Vorwort

Im vorliegenden Taschenbuch werden für die Schweiz und das angrenzende Ausland wichtige, interessante oder allenfalls auffällige Forstinsekten vorgestellt, von denen die meisten im Guten und/oder Schlechten eine Rolle in unseren Wäldern spielen. Es ist aus dem forstentomologischen Praktikum für die angehenden Forstingenieure der Eidgenössischen Technischen Hochschule in Zürich hervorgegangen, das der Seniorautor (G.B.) während 22 Jahren betreut hat. Die Auswahl aus der grossen Zahl von Forstinsekten ist deshalb nicht zufällig, die unbedeutenden oder sog. indifferenten Arten wurden weggelassen. Die Auswahl entspricht grösstenteils der Gruppe, die man als potentielle Forstschädlinge bezeichnen könnte. Von den rund 100 Fichteninsekten werden 40 erwähnt, von den rund 70 Bucheninsekten nur 20 und von den rund 200 Eicheninsekten gar nur ein Dutzend. Diese Auswahl entspricht weitgehend der Häufigkeit oder praktischen Bedeutung der Arten im Wald, wobei allerdings einzuschränken ist, dass nur wenige sog. Nützlinge erwähnt werden, obwohl gerade diese von ausschlaggebender Bedeutung sein können. Auch fehlen die hügelbauenden Waldameisen mit ihrer gewaltigen Individuenzahl und ihren auffälligen Nestern. Im übrigen ist die Rolle der sogenannten Schädlinge nicht genau definierbar; im natürlichen Urwald gibt es sie nicht, und im Forst kann das gleiche Insekt sowohl schädlich wie nützlich sein, abhängig davon, wo es seiner ökologischen Aufgabe nachkommt, geschwächte oder tote Bäume (dazu gehören auch die vom Förster gefällten) in den natürlichen Stoffkreislauf zurückzuführen.

Frau Dr. K. Tschudy-Rein danken wir für die präzise Durchsicht des Manuskripts. Ebenso möchten wir uns bei der Stiftung "Urwaldreservat Bödmeren" für ihre finanzielle Unterstützung bedanken.

Wir hoffen, dass dieses kleine Buch den Forststudenten sowie am Wald interessierten Fachleuten und Laien helfen wird, einige Insekten des Waldes näher kennen zu lernen.

Zürich, 6. August 1993   Georg Benz
                                Markus Zuber

Inhalt

I. EINLEITUNG

Das Wort Forstinsekten erweckt bei vielen Menschen vorerst die Vorstellung von Schädlingen, d.h. Insekten, die den Wald schädigen können. Die Mehrzahl der in diesem Taschenbuch vorgestellten Insekten gehört zu dieser Gruppe. Vielfach ist die Frage des Schadenstiftens oder des Gegenteils eine Frage der Zahl der Insekten. Entsprechende Untersuchungen haben z.b. gezeigt, dass blätterfressende Raupen einen Baum schädigen und den Holzzuwachs verringern, wenn ein hoher Prozentsatz der Blattfläche gefressen wird, ein befressener Baum aber sogar mehr produzieren kann als ein unbefressener, wenn nur 5-15% der Blattfläche verloren gehen, als Folge einer Überkompensation des Baumes. Die Rolle der Schädlinge ist deshalb häufig recht zwielichtig oder zwiespältig, besonders im Wald, der entweder gar nicht (Urwald) oder nur extensiv bewirtschaftet wird (Forst). Wälder sind Lebensgemeinschaften (Biozönosen) pflanzlicher und tierischer Organismen, die ihr charakteristisches Gepräge durch die starke Dominanz von Bäumen erhalten. Zu einer natürlichen Waldbiozönose gehören neben den Bäumen, Sträuchern, Kräutern, Pilzen und Bakterien, auch das Wild und Vögel, ebenso wie Mäuse, Amphibien, Schnecken, Würmer, Spinnentiere, Tausendfüssler und eben auch Forstinsekten. Die Bäume und ihre Begleitorganismen stellen Glieder des Waldökosystems dar, in dem alle mehr oder weniger genau definierte Funktionen erfüllen. Deshalb könnte der Naturwald ohne die die Bäume begleitenden Organismen gar nicht existieren. In einem gepflegten Forst oder gar einer künstlichen Baummonokultur übernimmt zwar der Förster einen Teil der Funktionen der Begleitorganismen. Trotzdem sind viele von ihnen auch dort nötig.

In jedem vollständigen Ökosystem produzieren grüne (autotrophe) Pflanzen mit Hilfe der Lichtenergie energiereiche organische Stoffe, die anderen Organismen als Nährstoffe dienen und (durch wiederholtes Fressen und Gefressenwerden) von einem Organismus zum nächsten weitergegeben werden. Wir finden mehr oder weniger lange **Nahrungsketten**. Das 1. Glied ist dabei immer eine autotrophe Pflanze, das 2. Glied ein Pflanzenfresser (Primärkonsument), das 3. Glied ein Fleischfresser (Sekundärkonsument) etc. Solche Nahrungsketten sind gewöhnlich nicht über mehrere Kettenglieder hin streng definiert. Man sieht es schon bei den Primärkonsumenten: Die meisten Baumarten bilden die Nahrung von vielen Primärkonsumentenarten. Entsprechendes gilt später für Sekundär-, Tertiär- etc.-Konsumenten. Dies bedeutet, dass die trophischen Ebenen nicht streng getrennt sind; wir haben es in Wirklichkeit eher mit Nahrungsnetzen als mit Nahrungsketten zu tun. Je komplexer die Netze, desto stabiler im allgemeinen die Systeme.

Im Wald wird gewöhnlich nur ein kleiner Teil der Nadeln und Blätter der Bäume gefressen. Die Hauptmasse der Blätter fällt im Herbst oder Winter auf den Boden und bildet dort die Bodenstreu. Desgleichen werden von den Konsumenten erster und höherer Ordnung nicht alle gefressen. Ihre Leichen, wie schon ihr - während ihrer Lebenszeit ausgeschiedener - Kot, gelangen früher oder später ebenfalls auf den Boden des Waldes. Dort müssen nun die sog. Zerleger (Destruenten) und Reduzenten ihre Arbeit leisten. Asseln, Milben, Urinsekten (besonders Springschwänze), höhere Insekten, Schnecken, Regen- und andere Ringelwürmer sowie Fadenwürmer (Nematoden) zerkleinern die Abfälle der verschiedenen trophischen Ebenen und bauen daraus ihre eigene Körpersubstanz auf. In diesem Zusammenhang erfüllen auch die **Holzzerstörer**, zu denen viele Forstinsekten gehören, eine wichtige Funktion. Ihre ökologische Aufgabe besteht darin, abgestorbene Bäume und Baumteile für die Rückführung in anorganische Substanz durch Pilze und Bakterien zu eröffnen. Holzzerstörer sind im Wirtschaftwald oft unerwünscht, sind aber selbst dort für den Abbau der Strünke und Äste unerlässlich; auch die Holzzerstörer gehören zu den Humusbereitern. Die Gesamtheit der Abfälle des Ökosystems steht zum Schluss den autotrophen Pflanzen als Nährsalze und CO_2 wieder zur Verfügung.

In einem gesunden Ökosystem stellen sich zwischen den verschiedenen Produktionsebenen dynamische Gleichgewichte ein. In ihrer Gesamtheit entsprechen sie dem sog. **biozönotischen Gleichgewicht**. Eingriffe in solche Gleichgewichte führen in der Regel zu unerwünschten Erscheinungen oder gar Katastrophen.

Wer einen Fichtenwald mit einem Kiefernwald, einem Lärchenwald oder einem Laubmischwald vergleicht, erkennt sofort, dass sich die Waldtypen nicht nur durch die Dominanz der bestandbildenden Bäume unterscheiden, sondern auch in der übrigen Flora und Fauna, die grosse charakteristische Unterschiede aufweisen. Offensichtlich handelt es sich also bei einem Wald nicht einfach um eine zufällige Ansammlung von Lebewesen, sondern um ein lebendes System von relativ definierter Struktur.

Wie kommt ein Wald zu seiner bestimmten Struktur? Die Organismen eines Waldes sind durch die verschiedensten Beziehungen untereinander verknüpft. So stehen z.B. die einzelnen Pflanzenarten und -individuen in einem gegenseitigen Konkurrenzkampf um Licht und Raum. Desgleichen bestehen sehr direkte Beziehungen zwischen den pflanzenfressenden Insekten und ihren Wirtspflanzen. Da sehr viele Insekten nur auf einer bzw. wenigen Wirtsarten gedeihen können (Mono- bzw. Steno- oder Oligophagie), kann allgemein gesagt werden, dass ein Wald mit vielen Pflanzenarten auch viele Insektenarten beherbergt, während das Gegenteil für einen Wald mit wenigen Pflanzenarten gilt. Das über die Insekten gesagte trifft sinngemäss auch für alle anderen Tiergruppen zu, und was über den Konkurrenzkampf der Pflanzen gesagt wurde, gilt weitgehend auch für die Tiere.

Vom Menschen unberührte Urwälder hatten vor Hunderten von Jahren eine weitgehend gleiche Zusammensetzung wie heute. Dies bedeutet, dass natürliche Biozönosen eine Art von Selbstregelung besitzen müssen. Jedes Lebewesen neigt ja dazu, sich zu vermehren. Wenn sich trotzdem das Artengefüge eines Systems über lange Zeiträume hinweg nicht wesentlich verändert, also keine Art so zu luxurieren vermag, dass andere Biozönoseglieder verdrängt werden, muss das Beziehungsgefüge einer natürlichen Biozönose offenbar derart beschaffen sein, dass der Vermehrungstendenz der einzelnen Arten entsprechende Minderungstendenzen entgegenwirken. Um diesen Sachverhalt auszudrücken, wurde der Ausdruck **biologisches Gleichgewicht** geprägt, der neuerdings durch den bereits erwähnten, etwas präziseren Ausdruck **biozönotisches Gleichgewicht** ersetzt wurde.

Diese heute so viel zitierten Begriffe sind aber teilweise irreführend und werden daher auch weitgehend falsch verstanden und angewendet. Der Ausdruck will nicht besagen, dass sich in einer natürlichen Biozönose Zu- und Abgang von Individuen aller Arten immer die Waage halten. Jede Untersuchung zeigt rasch, dass die Individuendichten aller Arten über mehr oder weniger kurze Zeitspannen vom Mittel abweichen. Dies ist zu erwarten, denn absolute Gefügekonstanz würde ja eine praktisch konstante Umwelt voraussetzen, was höchstens annäherungsweise in gewissen tropischen Gebieten vorkommt. Im übrigen kann ein biologisches Gleichgewicht, das dem Wirtsbaum wie dem Fressfeind das Überleben jahrhundertelang erlaubt, auch sehr dynamisch sein, wie der nachgewiesenermassen seit Beginn unserer Zeitrechnung auftretende zyklische Massenwechsel des Lärchenwicklers in den subalpinen Lärchenwäldern zeigt, der bis zu 25000fache Dichteunterschiede zwischen den Populationsmaxima und -minima umfasst. Mit recht grosser Konstanz fressen die Raupen dieses Kleinschmetterlings alle 8-10 Jahre die Lärchen oberhalb 1600 m kahl, ohne dass Lärchenwald und Lärchenwickler dadurch in ihrer Existenz gefährdet würden.

Die nach menschlichen Massstäben beurteilte, grosse Stabilität natürlicher Wälder ist aber begrenzt. Im allgemeinen sind die Wälder mittlerer und hoher nördlicher Breiten bestimmten Entwicklungsprozessen unterworfen; wir sprechen von **Sukzessionen.** Dabei entwickeln sich in der Regel charakteristische Pflanzengesellschaften, von denen jede in relativ rascher Folge von einer anderen abgelöst wird, bis die Schlussvegetation erreicht ist. Diese kann allerdings sehr lange erhalten bleiben und dadurch den Eindruck sehr grosser Stabilität erwecken. Es sind Dauergesellschaften, die so ausbalanciert sind, dass sie uns erscheinen, als ob sie sich im Zustand eines vollkommenen biozönotischen Gleichgewichtes befänden (bei uns die Fichtenwälder der subalpinen und die tiefer liegenden Buchen-Tannen-Wälder der montanen Stufe).

Von den potentiell grossflächig auftretenden Schlussgesellschaften der nördlichen gemässigten Naturwälder ist einzig der Laubmischwald art- und altersmässig so heterogen zusammengesetzt, dass ein Ersatz der alten Baumindividuen ohne wesentliche Änderungen der Bestandeszusammensetzung erfolgen kann. Die meisten übrigen Schlussgesellschaften sind nicht nur in der Artenzusammensetzung relativ homogen, sondern werden durch die Sukzessionsvorgeschichte meistens auch altersmässig so strukturiert, dass sie grossflächig mehr oder weniger gesamthaft das Altersstadium erreichen und dann anfällig für Sturmschäden, Pilzinfektionen und Insektenkalamitäten werden. Nicht nur falsch angelegte Kunstwälder, sondern auch Naturwälder können deshalb relativ unstabil sein.

Die den Forstentomologen am meisten interessierenden Insekten leben von den Waldbäumen oder ihren Produkten und können, wenn ihre Dichte zu hoch wird, die Bäume bzw. die Forstprodukte schädigen und dadurch ökonomische Verluste verursachen. Ziel der Forstentomologie ist es, den Wald vor Schäden durch Insekten zu schützen. Durch diese Zielsetzung wird sie zu einer Unterdisziplin des **Forstschutzes**.

Beim Forstschutz unterscheidet man **Prophylaxe** (nach dem Motto: Vorbeugen ist besser als Heilen) und **Therapie** (Heilmassnahmen, d.h. stark in Vermehrung begriffene Krankheitserreger werden bekämpft). Prophylaxe entspricht am besten dem grundsätzlichen Ziel des Forstschutzes. Der Wald wird mit Weitblick so angelegt, gepflegt und genutzt, dass das Auftreten von Waldkrankheiten in grösserem Ausmass unmöglich oder stark erschwert wird. Die Schwierigkeiten der Prophylaxe liegen darin, dass schon der planende Forstmann alle Konsequenzen voraussehen muss, während er sich bei den therapeutischen Massnahmen auf einen Spezialisten (z.B. von der Eidgenössischen Forschungsanstalt für Wald, Schnee und Landschaft) abstützen kann.

Eine wichtige, schon früh gewonnene Einsicht besagt, dass Insektenkalamitäten besonders stark in künstlich und nicht standortgerecht angelegten Monokulturen auftreten - dass das Risiko somit durch entsprechende waldbauliche Massnahmen vermindert werden könne. Auch wurde schon frühzeitig erkannt, dass die meisten Forstinsekten zu den "Sekundärschädlingen" gehören, die - im Gegensatz zu den "Primärschädlingen" - nur geschwächte Bäume[1] in grosser Zahl erfolgreich be-

siedeln können. Bei den in Mitteleuropa heimischen - im allgemeinen sekundären[2] - Borkenkäfern können bei hohen Populationsdichten aber auch gesunde Bäume erfolgreich befallen werden. Die hiefür benötigte kritische Dichte wird durch ein vorausgegangenes erhöhtes Angebot von bruttauglichen Bäumen verursacht, das insbesondere nach grossflächigem Wind- oder Schneebruch und Sturmwurf vorliegt. Basierend auf diesem Wissen wurde bereits vor über 100 Jahren mit dem Konzept der sauberen Waldwirtschaft eine effektive Strategie zur Verhinderung von Borkenkäferkalamitäten entwickelt. Als wichtige diesbezügliche Hygienemassnahme wurde in vielen Kantonen die Vorschrift erlassen, dass alle über ein bestimmtes Datum (z.B. 15. Mai) hinaus im Wald liegenbleibenden Nadelholzstämme zu entrinden seien und dass später gefällte Stämme fortlaufend ebenfalls entrindet werden müssen. Damit wird dem Umstand Rechnung getragen, dass die meisten Rindenbrüter Sekundärschädlinge sind, die sich in berindeten, liegenden Stämmen besonders gut in Masse vermehren können. Diese Vorschrift wird in letzter Zeit häufig weder beachtet noch geahndet, und immer häufiger werden berindet im Wald gelagerte Stämme auch begiftet.

Nach Katastrophen (ausgedehnter Sturmwurf oder Waldbrand) kann dieser Vorschrift manchmal aus arbeitstechnischen Gründen nicht nachgelebt werden. In solchen Fällen empfiehlt es sich, die unentrindeten Stämme zu Poltern aufbeigen und sie beständig mit Wasser zu beregnen. Dieses in Schweden entwickelte Verfahren bewirkt - auch nach Erfahrungen in Deutschland und Frankreich - dass derart behandeltes Kiefern- und Fichtenholz ohne Pilz- und Insektenbefall mindestens 3 Jahre lang frisch bleibt.

Zu den wichtigsten Waldschutzmassnahmen gehört die Erhaltung oder Wiederherstellung der standörtlich höchstmöglichen ökologischen Vielfalt im Waldbau. Bei der Wahl der Baumarten können Sorten gewählt werden, die gegen gewisse Schädlinge mehr oder weniger stark resistent sind (**Resistenzzüchtung** birgt allerdings die Gefahr

---

1 Wasserstress durch Niederschlagsmangel, gesenkten Grundwasserspiegel oder Hitze- bzw. Frost-Trocknis, Immissionsschäden, Pilzerkrankungen etc.

2 Eine scheinbare Ausnahme bilden die Ulmensplint-

käfer. Beim Reifungsfrass der Jungkäfer auf gesunden Wirtsbäumen übertragen sie auf diese den Pilz *Ceratocystis ulmi*, der die Bäume schwächt und dadurch bruttauglich macht (Ulmensterben).

der Einengung des Gen-Pools!). Für Nadelbäume gilt im allgemeinen, dass Klone mit grossem Harzgehalt resistenter gegen Pilze und Insektenbefall sind. Pflanzen aus den grossen Samen relativ junger Eichen, Fichten und Kiefern sind ebenfalls resistenter gegen Krankheiten und Insektenbefall. Auch viele **Kultur-** und **Pflegemassnahmen** steigern die Resistenz der Bestände. Im Herbst statt im Frühling gepflanzte Bäume sind weniger gestresst und deshalb weniger anfällig für Insekten. Häufige und kräftige Durchforstung bei der Fichte erhöht die Vitalität. Natürlich verjüngte und unter Schirm aufgezogene Tannen sind gegenüber der Tannentrieblaus, *Dreyfusia nordmannianae*, weniger gefährdet. Vermeidung von Fälle- und Rückeschäden bzw. deren Abdeckung mit geeigneten Mitteln, wenn sie doch entstanden sind, verhindert die Eiablage von Holzwespen und damit die Kontamination mit Pilzen. Dasselbe bewirkt auch die Abfuhr gefällter Stämme vor Ende Mai.

Obwohl eine wirksame chemische Bekämpfung von Forstschädlingen durchführbar wäre, sind wir heute der Meinung, dass solche Eingriffe im Wald nur in Notfällen durchgeführt werden sollten[3], daneben aber die Stabilität der Wälder durch die Pflegemassnahmen der Forstleute begründet sein muss. Der beste Forstschutz basiert auf einem gesunden Waldbau, guter Waldpflege und vernünftiger Waldnutzung.

Forstentomologie ist deswegen nicht überflüssig. Die oben erwähnten Hygienemassnahmen beruhen auf dem Verständnis der Biologie und Ökologie der Waldinsekten. Forstwirtschafter müssen wissen, warum Sie welche Pflegemassnahmen ergreifen oder verordnen. Dieses Verständnis wird neuerdings wichtiger denn je, weil immer weniger Leute für die Waldpflege zur Verfügung stehen, die Waldwirtschaft sich immer unrentabler gestaltet und deshalb in grösserem Umfang als bisher Rationalisierungsmassnahmen eingeführt werden. Unkenntnis der biologischen Gegebenheiten kann in diesem Zusammenhang dazu führen, dass dem Wald grosse Schäden zugefügt werden und entomologische Probleme geschaffen werden, die bis anhin nicht existierten.

Auch gute Waldpflege schützt aber nicht vor Überraschungen. Nur solide Kenntnisse können in einem solchen Fall helfen, rasch und gezielt einzugreifen, um grösseren Schaden zu vermeiden. Die Nachwirkungen der grossen Sturmschäden 1990 (>3 Mio fm) sind 1993 noch nicht voll abzuschätzen. Weitere Beispiele unvorhersehbarer Ereignisse sind leicht zu finden. Man denke nur an die Serie übernormal hoher Frühlings- oder Sommertemperaturen im vergangenen Dezennium, die nicht nur zu Massenvermehrungen von Borkenkäfern, sondern auch verschiedener Kleinschmetterlinge wie Lärchenminiermotte, Rotköpfiger Tannenwickler und Kleiner Fichtennadelmarkwickler geführt haben und zum Vorrücken des mediterranen Kiefernprozessionsspinners gegen Norden (im Tessin und Wallis) sowie 1992/93 zu dramatischen Massenvermehrungen des Schwammspinners im Tessin, Bayern, Rheinland-Pfalz u.a. Orten in Mitteleuropa.

Der zunehmende Wasserbedarf des Menschen führt dazu, dass dem Grundwasser steigende Wassermengen entnommen werden, was zur Senkung des Grundwasserspiegels führen kann. Auch die Umweltbelastung durch Abgase, Rauch und andere Verbrennungserzeugnisse (Säureregen, Stickstoffeintrag etc.) wird immer stärker. Der Wald leidet darunter. "Rauchschäden" (durch SO_2-Immissionen) sind zwar altbekannt und dürften auch heute für die meisten sogenannten Waldsterben im östlichen Mitteleuropa verantwortlich sein. Gegenwärtig finden wir aber auch neuartige Walderkrankungsphänomene, die wir erst teilweise verstehen. Genaue Kenntnisse, u.a. in Forstentomologie, erlauben es uns, bekannte Phänomene von unbekannten Phänomenen zu unterscheiden und so der analytischen Untersuchung zugänglich zu machen.

---

3 Das neue Schweizer Forstgesetz verbietet jeglichen Pestizideinsatz am stehenden Baum.

Allgemeine Bemerkungen

Symbole:

●   wichtiger Schädling
○   relativ wichtiger Schädling
*   bemerkenswerte Art
\+   Nützling

Namensangabe: *lateinisch* deutsch (franz.; ital.)

Wirtsarten: häufigste(r) Wirt(e); weitere potentielle Wirtsarten
Grösse: bezieht sich (sofern nicht anders vermerkt) auf die Adultinsekten (= Imagines).

1...   Abb. Nummer (für Quellenangabe; s. Bildnachweis)

Verwendete Abkürzungen:

L   Larve
Im   Imago
Fl   Flügel
VFl Vorderflügel
KL   Körperlänge
Sw   Spinnwarzen

HW Hauptwirt
NW Nebenwirt

A. alba = Abies alba (Weisstanne)
L. decidua = Larix decidua (Lärche)
P. abies = Picea abies (Fichte)
P. silvestris/montana/cembra = Pinus ...

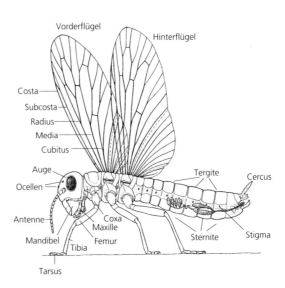

Abb. 1:
Bauplan eines Insekts
mit den wichtigsten
anatomischen Begriffen

5

II. SYSTEMATIK DER WALDARTHROPODEN

Überblick über die Systematik von forstökologisch wichtigen Arthropoden:

Stamm Arthropoda

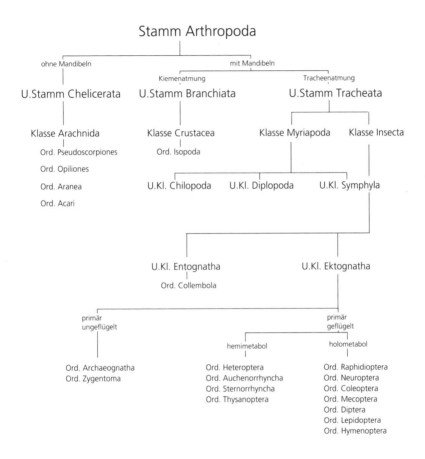

Afterskorpion

2

Siro sp.

3

Brettkanker

4

Schneckenkanker

5

1. U.Stamm: CHELICERATA

Klasse **Arachnida**, Spinnentiere

Ord. **Pseudoscorpiones** (Afterskorpione)

Meist kleine Tiere, 2-5 mm mit scherenförmigen Pedipalpen und ovalem oder rundem Hinterkörper. Leben räuberisch in der Bodenstreu.

Ord. **Opiliones** (Weberknechte oder Kanker)

Weberknechte (Phalangiidae), sind sehr langbeinige Tiere mit gedrungenem Körper und 2 Augen in Augenhöcker auf Cephalothorax. Pedipalpen sind laufbeinartige Tastorgane oder Raub- und Haftbeine. Leben räuberisch von Milben, Collembolen und Insektenlarven.

Sironiden, kleine Tiere mit relativ kurzen Beinen, in feuchten Böden dichter Laubmischwälder, wo sie sich räuberisch von Milben und Collembolen ernähren.

Brettkanker, träge, schwarzbraune Tiere mit flachgedrücktem, oft mit Erdreich beklebtem Körper und rel. kurzen Beinen. Lebt räuberisch auf dem Waldboden.

Schneckenkanker, mit grossen Scheren, lebt räuberisch von Schnecken.

Ord. **Aranea** (Spinnen, Araignées)

Abb. 6: Morphologie einer ♀ Spinne

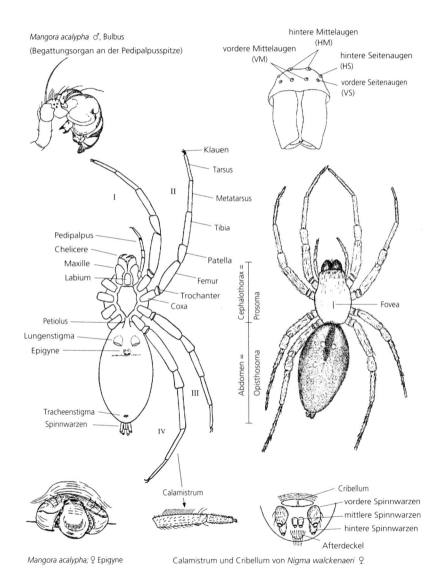

Mangora acalypha ♂, Bulbus
(Begattungsorgan an der Pedipalpusspitze)

hintere Mittelaugen
(HM)

vordere Mittelaugen
(VM)

hintere Seitenaugen
(HS)

vordere Seitenaugen
(VS)

Klauen

Tarsus

Metatarsus

Tibia

Pedipalpus

Chelicere

Maxille

Labium

Patella

Femur

Trochanter

Coxa

Petiolus

Lungenstigma

Epigyne

Cephalothorax =

Prosoma

Fovea

Abdomen =

Opisthosoma

Tracheenstigma

Spinnwarzen

Calamistrum

Cribellum

vordere Spinnwarzen

mittlere Spinnwarzen

hintere Spinnwarzen

Afterdeckel

Mangora acalypha; ♀ Epigyne

Calamistrum und Cribellum von *Nigma walckenaeri* ♀

Systematik

Schnellbestimmungsschlüssel für die wichtigsten Spinnenfamilien

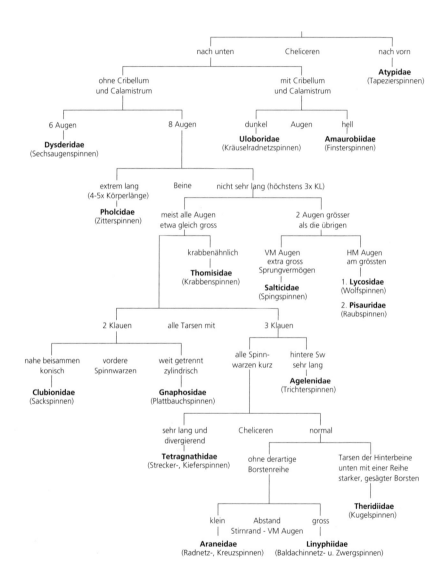

Ord. **Acari** (Milben)

Meist kleine Tiere, 0.1-2 mm. Sehr viele Arten, mit z.T. grossen Unterschieden im Habitus. Es sind auch die häufigsten Bodenarthropoden

Gliederung mit den wichtigsten Gruppen:

Gruppe Actinotrichida (Haare lichtbrechend)

U. Ord. Actinedida (v.a. Spinn[7]- und Laufmilben)

U.Ord. Oribatida (Horn[8]-, Moos-, Panzermilben)
Wichtige Humusbereiter.

Gruppe Anactinotrichida (Haare nicht lichtbrechend)

U. Ord. Gamasida (v.a. Uropodina[9] und Raubmilben[10])

U.Ord. Ixodida (Zecken[11])

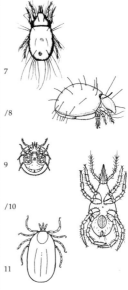

7

/8

9

/10

11

2.U.Stamm: BRANCHIATA

Klasse **Crustacea**

Ord. **Isopoda**[12] (Asseln)

8-12 mm lang, grau oder braun. Wichtige Destruenten, die an sehr vielfältige Lebensräume angepasst sind.

12

Oniscus asellus

---

3. U.Stamm: TRACHEATA

1. Kl. **Myriapoda,** Tausendfüssler

U.Kl. **Chilopoda**[13] (Hundertfüssler)

Typisches Merkmal: Das 1. Laufbeinpaar ist zu Kieferfüssen umgewandelt; bei vielen Arten befindet sich an deren Ende eine Giftdrüse. Leben räuberisch.

13

U.Kl. **Diplopoda**[14] (Doppelfüssler)

Typisches Merkmal: 2 Beinpaare je Segment. Leben von pflanzlicher Nahrung.

14

U.Kl. **Symphyla**[15] (Zwergfüssler)

Kleine Bodentiere, Rumpf mit 12 Beinpaaren. Kopf mit Mandibeln, Maxillen und Labium.

15

2. Kl. **Insecta** (= Hexapoda), Insekten

(Apterygota, Urinsekten)

U.Kl. **Entognatha:**
Von den 3 primär ungeflügelten Ordnungen erwähnenswert im Forst:

Ord. **Collembola** (Springschwänze)
Kleine Tiere von ca. 0.5-9 mm Länge; meist mit Sprunggabel am Abdomen. Fast alle Vertreter dieser Ordnung leben im Boden oder in der Streuschicht und sind wichtige Humusbereiter.

Poduridae, ca. 1-2 mm lang, meist grau oder violett; typische Streuschichtbewohner (z. B. *Hypogastrura* sp.).

16

Hypogastrura armata

Onychiuridae, ca. 1-9 mm lang, meist weiss und ohne Sprunggabel. Bewohner der oberen Bodenschichten (0-15 cm) (z. B. *Onychiurus* sp.).

17

Onychiurus campatus

Entomobryidae, 2-7 mm. Körperoberfläche mit Keulenhaaren oder mit Schuppen, oft bunt gefärbt; lange Extremitäten. Sprunggabel immer vorhanden. Bewohner der obersten Streuschicht (z. B. *Orchesella* sp.).

18

Orchesella flavescens

Sminthuridae (Kugelspringer), meist 0.8-2 mm lang. Typisch kugeliger Körper und grosser Kopf mit abgewinkelten Antennen. Sprunggabel immer vorhanden. Streubewohner (z. B. *Sminthurinus* sp.).

19

Sminthurinus sp. bei der Paarung

U.Kl. **Ektognatha**

THYSANURA
(primär ungeflügelte Apterygota), 2 Ordnungen: Felsen-
springer[20] und Silberfischchen.

20

(Pterygota, Geflügelte Insekten)

Hemimetabola, Exopterygota

Ord. **Heteroptera**[21] (Wanzen; Punaises; Cimici)
Vor allem Blumenwanzen haben als Räuber von Eiern und Larven von Schadinsekten einige Bedeutung.

21

Ü.Ord. **Homoptera** (Pflanzensaftsauger; Homoptères; Omotteri)

Ord. **Auchenorrhyncha**[22] (Zikaden; Cicadelles; Cicade)
Nur Zwergzikaden der Gattung *Fagocyba* als Mesophyllsauger
von einer gewissen forstlichen Bedeutung.

Ord. **Sternorrhyncha** (Pflanzenläuse):

22

besonders:
U.Ord. **Aphididea** (Blattläuse; Pucerons; Afidi)
Fam. Lachnidae, Rinden- oder Baumläuse (z.B. *Cinara pili-
cornis*).
Fam. Callaphididae, Zierläuse (z.b. *Phyllaphis fagi* = Buchenzier-
laus)
Fam. Aphididae[23], Röhrenläuse (z.B. *Liosomaphis abieti-
na* = Fichtenröhrenlaus).
Fam. Mindaridae, Maskenläuse (z.B. *Mindarus abietinus* =
Weisstannentrieblaus).
Fam. Adelgidae[24], Gallenläuse (z.B. *Adelges-* und *Sacchiphan-
tes*-Arten = Fichtengallenläuse, *Dreyfusia*-Arten = Tannenläuse,
Pineus-Arten = Stammläuse, *Gilletteella*-Arten = Wolläuse).

23

24

U.Ord. **Coccidea**[25] (Schildläuse; Cochenilles; Cocciniglie)

25

U.Ord. **Psyllidea** (Blattflöhe)

Ord. **Thysanoptera**[26] (Fransenflügler, Thripse od. Blasenfüsse;
Thrips; Tisanotteri)
(z.B. *Taeniothrips laricivorus* = Lärchenblasenfuss)

26

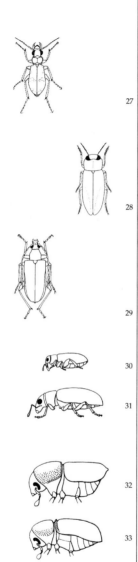

Holometabola, Endopterygota

Ord. **Coleoptera** (Käfer; Coléoptères; Coleotteri)

27

U.Ord. **ADEPHAGA**
- Fam. Carabidae, Laufkäfer[27]
  (meist räuberisch lebend)

U.Ord. **POLYPHAGA** (höhere Käfer)
- Fam. Lucanidae, Hirschkäfer
- Fam. Scarabaeidae, Blatthornkäfer (z.B. *Melolontha*
  = Maikäfer)
- Fam. Coccinellidae, Marienkäfer (Feinde von Blatt- und
  Stammläusen)
28
- Fam. Buprestidae[28], Prachtkäfer (z.B. *Agrilus viridis*
  = Buchenprachtkäfer)
- Fam. Elateridae, Schnellkäfer (Larven = sogen. «Draht-
  würmer»)
- Fam. Cleridae, Buntkäfer (z.B. *Thanasimus formicarius*
  = Ameisenbuntkäfer)
- Fam. Lymexylonidae, Werftkäfer (z.B. *Lymexylon navale*
  = Schiffswerftkäfer)
29
- Fam. Anobiidae, Klopfkäfer (sogen. Holzwürmer, Larven
  mit Beinen)
- Fam. Cerambycidae[29], Bockkäfer (Larven meist im Holz,
  viele Arten)
30
- Fam. Chrysomelidae, Blattkäfer (z.B. *Galerucella, Agelastica,
  Melasoma*)
- Fam. Curculionidae, Rüsselkäfer (Kopf meist rüsselartig ver-
31
  längert[30], z.B. *Cryptorhynchus, Curculio, Hylobius, Pissodes, Rhynchaenus*; oder Rüssel breit und kurz[31] [Dick-
  maulrüssler]: *Otiorhynchus, Polydrusus*).

- Fam. Scolytidae (früher auch Ipidae genannt), Borkenkäfer
  mit den drei Unterfamilien:

32

  - Scolytinae[32],

33

  - Hylesininae[33],

34

  - Ipinae[34].

Ord. **Hymenoptera** (Hautflügler; Hymenoptères; Imenotteri)

U.Ord. **Symphyta** (Pflanzenwespen)
mit langem Ovipositor = Holzwespen[35], oder mit sägeartigem, kurzem Ovipositor = Blattwespen oder Sägewespen (z.T. wichtige Forstschädlinge)

35

U.Ord. **Apocrita** (mit «Wespentaille»)

Terebrantes od. Parasitica mit Ovipositor (Parasitoide):

- Fam. Cynipidae[36], Gallwespen (z.B. *Biorrhiza pallida* = Eichengallwespe)
- Fam. Chalcididae, Zehrwespen
- Fam. Braconidae, Brackwespen od. Schlupfwespenverwandte
- Fam. Ichneumonidae[37], Schlupfwespen
- Fam. Proctotrupidae, Zwergwespen

36

Aculeata mit Wehrstachel:

37

- Fam. Apidae, Bienen und Hummeln
- Fam. Formicidae, Ameisen
  U.Fam. Formicinae, Drüsenameisen (z.B. *Camponotus, Formica*)
  U.Fam. Myrmicinae, Knotenameisen (z.B. *Myrmica rubra*).
- Fam. Vespidae[38], Faltenwespen (z.B. *Vespa crabro* = Hornisse).

38

Ord. **Raphidioptera**[39] (Kamelhalsfliegen; Rhaphides; Raphidiotteri)
Borkenkäferfeinde; v.a. Larven.

39

Ord. **Neuroptera**[40] (Netzflügler; Neuroptères; Planipenni)
Neuropterenlarven sind wichtige Lausvertilger, z.B. *Chrysopa* = Goldauge, *Hemerobius* = Florfliege.

40

Ord. **Mecoptera**[41] (Skorpionsfliegen; Panorpes; Panorpidi)
Leben räuberisch.

41

15

Ord. **Lepidoptera** (Schmetterlinge; Lepidoptères; Lepidotteri)

42

43

44

- Fam. Cossidae[42], Holzbohrer (z.B. *Cossus cossus* = Weidenbohrer, *Zeuzera pyrina* = Blausieb)
- Fam. Tortricidae[43], Wickler (z.B. *Tortrix viridana* = Eichenwickler, *Rhyacionia buoliana* = Kiefernknospentriebwickler, *Choristoneura murinana* = Tannentriebwickler, *Zeiraphera diniana* = Lärchenwickler)
- Fam. Yponomeutidae, Gespinstmotten (z.B. *Yponomeuta evonymella*)
- Fam. Geometridae[44], Spanner (z.B. *Bupalus piniarius* = Kiefernspanner)
- Fam. Lymantriidae, Trägspinner (z.B. *Lymantria, Euproctis, Stilpnotia*)
- Fam. Notodontidae, Zahnspinner
- Fam. Thaumetopoeidae, Prozessionsspinner (z.B. *Thaumetopoea pityocampa* = Pinienprozessionsspinner)
- Fam. Noctuidae, Eulen (z.B. *Scotia segetum* etc. L = sog. Erdraupen)
- Fam. Lasiocampidae, Glucken (z.B. *Dendrolimus pini* = Kiefernspinner)

Ord. **Diptera** (Zweiflüger; Diptères; Ditteri)

U.Ord. **Nematocera** (Mücken; Moustiques; Nematoceri)

45

- Fam. Culicidae, Stechmücken (z.B. *Culex pipiens, Aedes*-Arten)
- Fam. Tipulidae[45], Schnaken (*Nephrotoma*-Larven schädlich im Saatbeet)
- Fam. Cecidomyiidae, Gallmücken (z.B. *Mikiola fagi*)

U.Ord. **Brachycera** (Orthoraphe Fliegen)
z.B. Bremsen[46]

46

U.Ord. **Cyclorhapha** (Höhere Fliegen)

47

- Fam. Syrphidae, Schwebfliegen oder Blattlausfliegen (räuberisch)
- Fam. Tachinidae[47], Raupenfliegen (Parasitoiden)

III. Zur Biologie und Systematik der Borkenkäfer

Fam. Scolytidae (Ipidae) = Borkenkäfer (Bostriches; Ipidi,Bostrici)

Ökologische Bedeutung und Biologie

Einige Borkenkäfer gehören potentiell zu den grössten Waldzerstörern. Zwar sind manche von ihnen vollkommen sekundär, d.h. sie befallen geschwächte Bäume, die ohnehin sterben würden. Die gefährlicheren Arten befallen aber Bäume, die vorübergehend geschwächt sind (z.b. infolge Trocknis) und sich wieder erholen könnten, wenn sie nicht von den Käfern befallen würden. Diese Borkenkäfer können zudem primär werden, wenn sie dank ihrer grossen Zahl auch gesunde Bäume befallen, diese dadurch schwächen und schliesslich wehrlos machen. Dies ist besonders beim «Buchdrucker» (Ips typographus) und seinem Begleiter, dem «Kupferstecher» (Pityogenes chalcographus) nach einer Trockenperiode (Sommer- oder Wintertrocknis), nach Sturmwurf oder Schneebruch der Fall.

Die ökologische Aufgabe der Borkenkäfer im Naturwald besteht darin, kränkelnde Bäume ganz abzutöten (Sekundärbefall) und dadurch weiteren Destruenten zugänglich zu machen (Tertiärbefall). Sie führen zumindest einen Teil der Rinde in den Stoffkreislauf zurück. Die Holzbrüter eröffnen zudem den Holzkörper für Pilze.

Viele Borkenkäferarten sind ausgesprochen mono- oder stenophag. Sie erreichen also ihre ökologische Sonderung dadurch, dass sie nur auf einer Baumart, bzw. -gattung, oder nur auf nahe verwandten Gattungen gut gedeihen können. Beispiele wären etwa Hylurgus-Arten und Pityogenes trepanatus, die ausschliesslich, oder Tomicus-Arten, die fast ausschliesslich Pinus-Arten befallen, oder der Buchdrucker (Ips typographus), der Kupferstecher (Pityogenes chalcographus) und der Städteschreiber oder Doppeläugige Fichtenbastkäfer (Polygraphus poligraphus), die fast ausschliesslich die Fichte Picea abies befallen.

Es wird aber auch bereits aus der nachfolgenden Zusammenstellung ersichtlich, dass mehrere Arten

die Fichte oder die Föhre befallen. Eine weitere ökologische Sonderung der Arten (auch «Einnischung», vom Begriff «Ökologische Nische») wird dadurch erreicht, dass z.b. der Buchdrucker auf der Fichte eine minimale Rindendicke benötigt und somit kein Stangenholz oder gar Jungwuchs der Fichte befällt, während der Kupferstecher relativ dünne Rinde bevorzugt und entsprechend Stangenholz, dicke Äste oder die Wipfelpartie grösserer Bäume befällt. So kommen die verschiedenen Arten selbst an einem einzigen grösseren Baum an verschiedenen Stellen vor und treten nicht, oder nur wenig miteinander in direkte Konkurrenz.

Nicht alle Borkenkäfer leben effektiv in der Rinde oder Borke. Es gibt auch Holzbrüter, die ihre Brutgänge im Holzkörper anlegen. Da die ökologisch-physiologische Wirkung der Rinden- und Holzbrüter unterschiedlicher ist als die systematische Gliederung, werden die Borkenkäfer oft nach diesem Kriterium geordnet.

1. Rindenbrüter

Die Männchen der Rindenbrüter werden in **monogame** (einweibige) und **polygame** (mehrweibige) unterteilt. Bei den monogamen Arten nagt das Weibchen das Eingangsloch in die Rinde (meist schräg von unten nach oben, damit Bohrmehl herausfallen kann) und den Mutterfrassplatz oder einen Muttergang. Das ♀ gibt mit den Exkrementen ein Pheromon ab, das, unterstützt durch natürliche Terpene des Baumes, ♂♂ und ♀♀ anlockt. Auf diese Weise werden die erstbefallenen Bäume rasch von vielen Käfern befallen. Geschwächte Bäume werden bevorzugt besiedelt.

Bei den polygamen Rindenbrütern nagt das Männchen das Eingangsloch und in oder unter der Rinde die Hochzeitskammer (= Rammelkammer). In diesem Fall gibt das ♂ Pheromon ab, das andere ♂♂ und ♀♀ anlockt (Populationspheromon, nicht Sexualpheromon!) sowie ♀♀ in die Rammelkammer lockt, wo sie begattet werden. Jedes ♀ nagt von der Rammelkammer aus einen Muttergang in die Rinde, bei einigen Arten auch teilweise ins Holz und legt dort die Eier ab (20-70), entweder gehäuft oder einzeln in bereits vorgenagte seitliche Einischen. Während des Baues der Muttergänge übernimmt das ♂ von den ♀♀ das Bohrmehl und schafft es ins Freie. Dazu dient der bei polygamen Ipinenmännchen typisch ausgeformte Flügeldeckenabsturz. Auffällig sind vielfach sogenannte «Luftlöcher», die von den Muttergängen nach aussen gebohrt werden; möglicherweise dienen sie aber weniger der Lüftung als der Verkürzung des Weges zur Ausschaffung des Bohrmehls. Im Fall von monogamen Borkenkäfern kann es zur Mehrfachbegattung kommen, wenn neu anfliegende Männchen durch die Luftlöcher in den Muttergang eindringen.

Die Larven fressen sich gewöhnlich rechtwinklig vom Muttergang ausgehend durch den Bast. Entsprechend der zunehmenden Grösse sind die Larvengänge erst schmal, dann breiter. Bei Arten mit langen Larvengängen weichen diese früher oder später von der ursprünglichen Richtung ab. Sie enden in den Puppenwiegen, wo sich die Larven verpuppen (bei den meisten Arten ganz in der Rinde; seltener auch teilweise im Splint, z.B. *Tomicus minor*).

Bei den meisten Borkenkäferarten bohren sich die ausschlüpfenden Jungkäfer ein eigenes Flugloch, sofern nicht schon die Larve vor der Verpuppung ein solches von der Puppenwiege nach aussen gefressen und es mit Genagsel verstopft hat (z.B. *Hylurgops palliatus*). Die Anordnung der Fluglöcher der Jungkäfer ist oft arttypisch und gehört zum Frassbild. Die Jungkäfer können schon vor dem Ausschlüpfen aus den Puppenwiegen einen Reifungsfrass machen (z.B. *Ips typographus*), können diesen aber auch an anderen Pflanzenteilen durchführen (z.B. die Waldgärtner = *Tomicus* spp.), was zu weiteren Schäden führen kann.

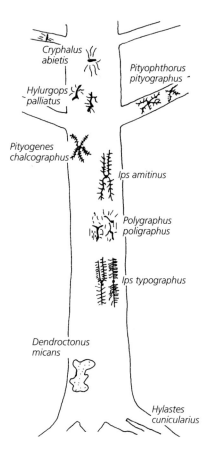

Abb. 48:
Verteilung der wichtigsten Fichten-Borkenkäfer auf dem Stamm einer 80-100jährigen Fichte

2. Holzbrüter oder Ambrosiakäfer

Im Gegensatz zu den Rindenbrütern mit Brutfürsorge betreiben die Holzbrüter auch Brutpflege. Die Weibchen der Holzbrüter nagen die Brutgänge und davon ausgehend nach oben und unten Einischen in das Holz. Dabei infizieren sie diese mit den Sporen eines weissen Pilzes (Ambrosiapilz). Die Männchen helfen gewöhnlich nicht. Im Fall von *Trypodendron signatum* beteiligen sie sich am Abtransport von Bohrmehl.
Der Pilz ernährt sich an den Wänden der Brutanlage vom Holz (eine gewisse Holzfeuchtigkeit ist Vor-

aussetzung für die Pilzzucht), während sich Käfer und Larven vom Pilz (Ambrosia) ernähren. Die Larven erweitern die Einischen zu kurzen Leitersprossengängen, in denen sie sich auch verpuppen. Das ♀ reinigt nicht nur den Muttergang, sondern entfernt auch die Exkremente der Larven aus den Brutgängen. Abgestorbene Pilze verfärben sich schwarz, was den verlassenen Brutgängen ihre typische Färbung gibt.

Im Unterschied zu den Rindenbrütern verlassen die Jungkäfer der Holzbrüter die Brutanlage durch die von der Mutter genagte Eingangsröhre.

Abb. 49:
Die 3 Unterfamilien der Borkenkäfer (Scolytidae)

	Scolytinae (Splintkäfer)	Hylesininae (Bastkäfer)	Ipinae (Borkenkäfer i.e.S.)
Rückenansicht:	Kopf sichtbar	Kopf sichtbar	Kopf meist nicht sichtbar
Seitenansicht:			
- Flügeldecken:	kein Absturz	Absturz ohne Zähne[1]	Absturz oft eingedrückt mit Zähnen[2]
- Abdomen:	schräg abgestutzt	gerade	gerade
Beine:			
- Schiene:	mit Endhaken	nur mit Sklerotinzähnen	nur mit Sklerotinzähnen
- 3. Fussglied:	zweilappig	zweilappig	zylindrisch
Brutbiologie:	Rindenbrüter	Rindenbrüter	Rinden- oder Holzbrüter
Beispiele:	*Scolytus scolytus*	*Dendroctonus micans*	*Ips typographus*

1 Ausnahme: Gattung *Phloeosinus*.
2 Lange nicht alle Ipinae haben einen «eingedrückten», gezähnten Flügelabsturz. Nur 13 der 22 bei uns vorkommenden Gattungen haben den typischen Flügeldeckenabsturz und nur 9 von diesen haben immer Zähne am Absturz, besonders die polygamen Gattungen *Pityophthorus*, *Pityogenes*, *Pityokteines*, *Orthotomicus* und *Ips*.

Klassifizierung nach Brutsystemen:

1 **Frassbild mit regelmässigen Strukturen; deutlicher Muttergang:**

2 mit (deutlicher) Rammelkammer
(in der Rinde oder im Splint)

3 1-3 Muttergänge

Ips typographus   *Ips sexdentatus*

3' ≥ 3 Muttergänge

4 Ø ≥ 1.5 mm

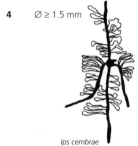

Ips cembrae   *Ips amitinus*   *Ips acuminatus*

4' Ø < 1.5 mm

Pityogenes   *Pityogenes*   *Pityophthorus*   *Pityokteines*   *Pityokteines*   *Polygraphus*
chalcographus   *bidentatus*   *pityographus*   *curvidens*   *vorontzowi*   *poligraphus*

2' ohne (deutliche) Rammelkammer

5 im Splint (Pilzzüchter)

Trypodendron lineatum   *Trypodendron signatum*   *Trypodendron domesticum*   *Xyleborus dispar*

Klassifizierung nach Brutsystemen (Fortsetzung):

5' in der Rinde; teilweise im Splint

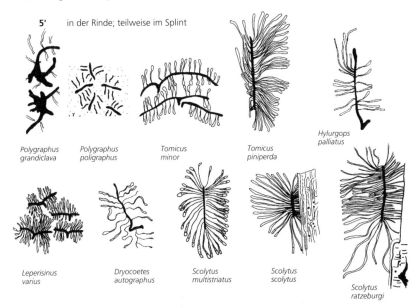

| Polygraphus grandiclava | Polygraphus poligraphus | Tomicus minor | Tomicus piniperda | Hylurgops palliatus |

| Leperisinus varius | Dryocoetes autographus | Scolytus multistriatus | Scolytus scolytus | Scolytus ratzeburgi |

1' Frassbild mit unregelmässigen Strukturen; undeutlicher Muttergang:

6 kleinflächig

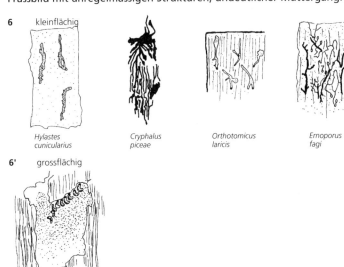

| Hylastes cunicularius | Cryphalus piceae | Orthotomicus laricis | Ernoporus fagi |

6' grossflächig

Dendroctonus micans

Morphologische Klassifizierung:

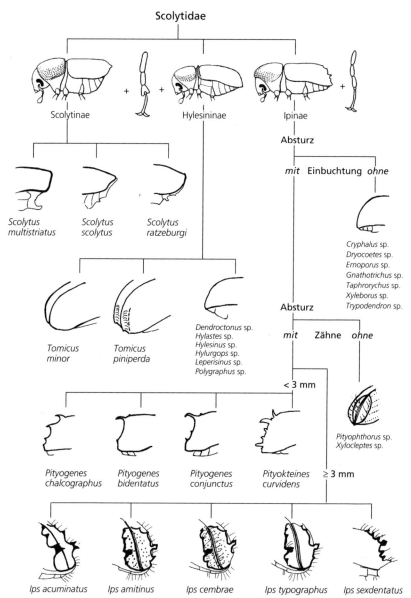

Scolytidae

Scolytinae + Hylesininae Ipinae +

Absturz

mit Einbuchtung *ohne*

Scolytus
multistriatus

Scolytus
scolytus

Scolytus
ratzeburgi

Cryphalus sp.
Dryocoetes sp.
Ernoporus sp.
Gnathotrichus sp.
Taphrorychus sp.
Xyleborus sp.
Trypodendron sp.

Tomicus
minor

Tomicus
piniperda

Dendroctonus sp.
Hylastes sp.
Hylesinus sp.
Hylurgops sp.
Leperisinus sp.
Polygraphus sp.

Absturz

mit Zähne *ohne*

< 3 mm

Pityophthorus sp.
Xylocleptes sp.

Pityogenes
chalcographus

Pityogenes
bidentatus

Pityogenes
conjunctus

Pityokteines
curvidens

≥ 3 mm

Ips acuminatus   Ips amitinus   Ips cembrae   Ips typographus   Ips sexdentatus

Borkenkäferfeinde (Nützlinge)

Coleoptera

Fam. Cleridae = Buntkäfer

+ Thanasimus (Clerus) formicarius
Roter Ameisenbuntkäfer (Clairon formicaire; Tanasimo formicario)

Die schwarz-weiss-roten Käfer werden häufig in Borkenkäferfallen gefangen, da sie durch die Populationspheromone der Borkenkäfer angelockt werden (sollten beim Leeren der Fallen befreit werden). L ziemlich flach, beborstet, am Endsegment des Abdomens stark sklerotisierter Schild mit zangenartigen Fortsätzen nach hinten und 2 Höckern oben. L fressen Borkenkäfer und deren L.
Grösse: Käfer 7-10 mm; Larve bis 13 mm

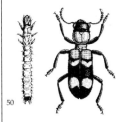

50

Thanasimus formicarius (L / Im)

Fam. Nitidulidae = Glanzkäfer

+ Rhizophagus ferrugineus

+ Rhizophagus grandis
Flacher Rindenkäfer

Imagines und Larven dieser Käfer vertilgen artspezifisch *Ips typographus*- bzw. *Dendroctonus micans*-Eier und Larven.
Grösse: Käfer 4.5-5.5 mm

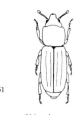

51

Rhizophagus grandis

Raphidioptera

Fam. Rhaphidiidae = Kamelhalsfliegen

+ Raphidia ophiopsis
Kamelhalsfliege (Mouche à faux, Rhaphidie; Rafidia)

Adultinsekt mit auffallend verlängertem, halsartig schräg nach oben gerichtetem Prothorax und ♀ mit langem Ovipositor. L weniger Borsten als bei Ameisenbuntkäfer und ohne Schild am letzten Segment. Im und L sind Räuber, die sich von rinden- und holzbrütenden Insekten, besonders Borkenkäfern ernähren, in deren Brutgänge die L eindringen.
Grösse: ca. 15 mm

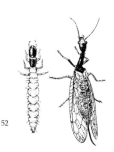

52

Raphidia ophiopsis (L / Im)

23

Hymenoptera

U.Ord. Apocrita

Parasitische Hymenopteren

Neben den leicht erkennbaren Räubern beteiligt sich auch eine grosse Zahl von Parasitoiden an der Begrenzung von Borkenkäferpopulationen. Die meisten gehören zu den Aculeata Terebrantes (mit Wespentaille und Ovipositor).

53

Coeloides bostrichorum (2.5-4 mm)

Wichtig sind besonders die Familien:

- Braconidae (Brackwespen), z.B. *Coeloides* spp.,

- Chalcididae (Zehrwespen), z.B. *Tomicobia seitneri,*

- Proctotrupidae (Zwergwespen), z.B. *Telenomus* sp. und *Perniphora robusta,*

- Ichneumonidae (Schlupfwespen), z.B. *Dendrosoter* sp..

54

Tomicobia seitneri (2.5-5.5 mm)

IV. FORSTINSEKTEN NACH WIRTSBÄUMEN

INSEKTEN DER FICHTE

(Picea abies = *P. excelsa)*

Die Fichte ist der wirtschaftlich wichtigste Waldbaum der Schweiz. Sie bildet geschlossene Bestände und ist die vorherrschende Art sowohl in den natürlichen Fichtenwäldern der subalpinen und montanen Stufe (einschliesslich der lockeren Torfmoor-Fichtenwälder der Voralpen), wie auch in vielen künstlichen Wäldern des Mittellandes. Sie besitzt ziemlich weiches Holz und eine relativ dünne Borke. Holz und Rinde sind von Harzgängen durchzogen.

55

Schädlinge im Saatbeet

Orthoptera = Gradflügler

O **Gryllotalpa gryllotalpa** (Fam. Gryllotalpidae)
Werre, Maulwurfsgrille (Courtilière; Grillotalpa)

Wirtsarten: *Picea abies,* u.a.
Schaden durch: Larve, Imago
Wurzelfrass (Rhizophagie) und Unterwühlen von Jungpflanzen. Spätere Stadien auch nützlich durch Vertilgen von Engerlingen; Bodenauflockerung.
Grösse: bis 50 mm

56

Imago von *Gryllotalpa*

Coleoptera

O **Schnellkäfer; «Drahtwürmer»** (Fam. Elateridae)
(Vers fils à fer; Fili, Vermi)

Wirtsarten: *Picea abies,* u.a.
Schaden durch: Larve (Imago)
z.B. *Agriotes* sp., *Elater* sp.
Wurzelfrass (Wurzel wird ausgehöhlt, die Rinde bleibt meist unbeschädigt) und Fressen von bodennahen Pflanzenteilen. Käfer mit Schnellmechanismus.
Grösse: 10-30 mm

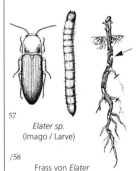

57

/58

Elater sp.
(Imago / Larve)

Frass von *Elater*

25

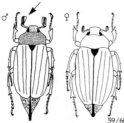

♂ ♀

59/60

M. melolontha M. hippocastani

○ **Melolontha melolontha** (Fam. Scarabaeidae)
Feldmaikäfer (Hanneton commun; Maggiolino)
L = Engerling (Ver blanc; Verme bianco)

Wirtsarten: *Picea abies*, u.a.
Schaden durch: Larve, (Imago)
Die Engerlinge fressen Seiten- und Faserwurzeln ab («Rüben-
frass») und können im Jungwuchs starken Schaden anrichten
(s. Eiche).
Grösse: 25-30 mm

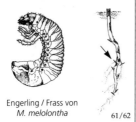

○ **Melolontha hippocastani**
Waldmaikäfer (Hanneton forestier, Hanneton marronier)
Grösse: 20-25 mm

Engerling / Frass von
M. melolontha   61/62

Diptera

63/64
65/

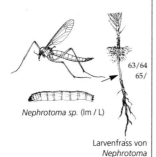

Nephrotoma sp. (Im / L)

Larvenfrass von
Nephrotoma

○ **Nephrotoma (Tipula) crocata** u.a. (Fam. Tipulidae)
Gelbbindige Riesenschnake (Tipule; Tipula)

Wirtsarten: *Picea abies*, u.a.
Schaden durch: Larve
Die Larven schälen Hauptwurzeln sehr junger Pflänzchen (Rin-
gelung). Sie können aber auch junge Keimlinge abbeissen.
Grösse: 20 mm

Schaden durch Abbiss der Keimpflänzchen

Coleoptera

66
Carabus sp.

* **Carabus sp.** (Fam. Carabidae = Laufkäfer)

Wirtsarten: *Picea abies*, u.a.
Schaden durch: Larve, Imago
Die meisten Laufkäferarten sind carnivor, wie die meisten Mit-
glieder der Unterordnung Adephaga. Sie gelten deshalb als
Nützlinge. Einige Arten fressen aber auch ganz junge Keim-
pflänzchen und können so in Saatbeeten schädlich werden
(*Harpalus rufipes*). Im Bestand durch Ausdünnung eher Nütz-
linge.
Grösse: je nach Art 5-40 mm

Lepidoptera

○ **Scotia (*Agrotis*) *segetum*** (Fam. Noctuidae = Eulen)
Wintersaateule (Agrotide dei seminati), L = Erdraupen

Wirtsarten: *Picea abies*, u.a.
Schaden durch: Larve
Die Raupen leben tagsüber in der Erde unter dichten Pflanzen.
Sie kommen zur Nachtzeit hervor und fressen die Jungpflänz-
chen direkt oberhalb der Erde ab; bei einjährigen Pflanzen fin-
det man Ringelung.
Grösse: Spannweite ca. 20 mm

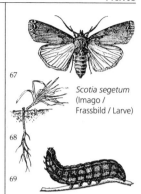

67

68

69

Scotia segetum
(Imago /
Frassbild / Larve)

Schädlinge im Jungwuchs

Sternorrhyncha

U.Ord. Aphididea = Blattläuse

Fam. Adelgidae = Fichtengallenläuse

○ **Adelges *laricis*** (*Chermes strobilobius*)
Rote Fichtengallenlaus (Puceron lanigère du mélèze)

Wirtsarten: HW *Picea abies*, NW *Larix decidua*
Schaden durch: Gallenbildung
Homoptere mit Wirtswechsel zwischen Fichte (Hauptwirt) und
Lärche (Nebenwirt). Auf dem Hauptwirt werden endständige
(nicht durchwachsene) Gallen, sogen. «Erdbeergallen» gebil-
det, in denen sich die Läuse entwickeln. Kann in Gebirgs-Fich-
tenjungwüchsen sehr schädlich werden, wenn sich in der Nähe
Lärchenbestände befinden. Sonst eher harmlos.

○ **Adelges *tardus***
Kleine Fichtengallenlaus (Chermes des conifères)
Anholozyklische Schwesterart von *A. laricis* nur auf der Fichte,
auch mit meist etwas kleineren Erdbeergallen.

○ **Sacchiphantes *viridis***
Grüne Fichten-Grossgallenlaus (Chermes vert)

Wirtsarten: HW *Picea abies*, NW *Larix decidua*
Schaden durch: Gallenbildung
Gallenlaus mit Wirtswechsel zwischen Fichte (gallentragender
Hauptwirt) und Lärche (Abb. 75). Die Galle ist eine durch-
wachsene «Ananasgalle». Meist einzeln und deshalb harmlos.

70

Erdbeergallen
von *A. laricis*

71

geöffnete
Galle

72

Ananasgallen von *S. abietis*

27

◯ *Sacchiphantes abietis*

Gelbe Fichten-Grossgallenlaus (Chermès de l'épinette, Puceron à galle conique de l'épinette, Puceron des sapins; Cherme dell' abete rosso)

Wirtsarten: *Picea abies*
Schaden durch: Gallenbildung
Anholozyklische Schwesterart von *S. viridis* nur auf Fichte. Im Gegensatz zu *S. viridis* Gallen meist kolonienweise. Jungfichten können bei starkem Befall geschädigt werden.

1   Ananasgalle auf Fichte

2   Überflug auf die Lärche

3   parthenogenetische Vermehrung der Exulis-Virgines auf der Lärche

4   Rückflug auf die Fichte; bisexuelle (Sexuales) und parthenogenetische Vermehrung (Fundatrix)

Abb. 73:
Sacchiphantes viridis: Wirtswechsel und Morphenfolge (Holozyklus)

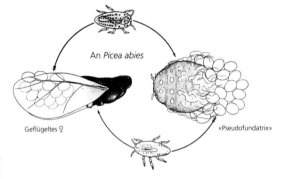

An *Picea abies*

Geflügeltes ♀   «Pseudofundatrix»

Abb. 74:
Sacchiphantes abietis: anholozyklische Morphenfolge; kein Wirtswechsel

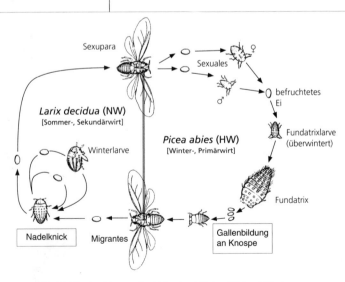

Sexupara

Sexuales

befruchtetes Ei
♂

Larix decidua (NW)
[Sommer-, Sekundärwirt]

Picea abies (HW)
[Winter-, Primärwirt]

Fundatrixlarve (überwintert)

Winterlarve

Fundatrix

Nadelknick   Migrantes

Gallenbildung an Knospe

Abb. 75: Morphenfolge von *Sacchiphantes viridis* (zweijähriger Zyklus)

Fam. Lachnidae = Rindenläuse

* *Cinara* sp.

Wirtsarten: *Picea abies*, u.a.
Schaden durch: Larve, Imago
Honigtau produzierende Phloemsauger zwischen den Nadeln
an 1-4jährigen Trieben (auch in der Krone grosser Fichten im
Bestand). Warzenförmige Ausbildungen auf dem Abdomen (s.
Pfeil).
Von Bedeutung als Energiequelle für die hügelnestbauenden
Waldameisen aus der *Formica rufa*-Gruppe, die für die Wald-
hygiene wichtig sind. Honigtau ist auch die Basis des sogen.
Waldhonigs der Honigbienen.
Grösse: 1-4 mm

76

Cinara sp.

Coleoptera

Fam. Curculionidae = Rüsselkäfer

○ *Hylobius abietis*

Tannenrüsselkäfer; Grosser brauner Rüsselkäfer (Grand
charançon du pin/sapin; Ilobio dell'abete)

Wirtsarten: *Picea abies, Pinus silvestris*
Schaden durch: Imago
Die Käfer fressen die Rinde von 3-6jährigen Fichten, besonders
über dem Wurzelknoten. Die Stämmchen erhalten ein pocken-
narbiges Aussehen, die Pflanzen kümmern und sterben später
ab. So können sie ganze Jungpflanzungen zerstören. Hylobien
sind treue Begleiter des grossflächigen Kahlschlages. Larven
machen einen sog. «Kannelierfrass» in absterbenden Wurzeln
gefällter Bäume.
Grösse: 8-14 mm

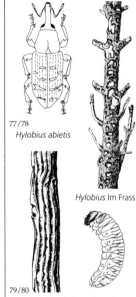

77/78
Hylobius abietis

Hylobius Im Frass

79/80
Hylobius (L Frass / Larve)

○ *Otiorhynchus niger*

Grosser schwarzer Rüsselkäfer (Grand charançon noir;
Otiorrinco nero)

Wirtsarten: *Picea abies*
Schaden durch: Larve, (Imago)
Vor allem in Bergwäldern; die Larve frisst Wurzeln 3-6jähriger
Fichten; diese gehen dann zugrunde (Schadbild wie bei *Melo-
lontha*). Im frisst an Nadeln (Skelettierfrass beginnend an der
Nadelspitze; Mittelnerv wird nicht gefressen).
Grösse: 7-12 mm

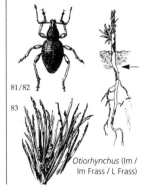

81/82

83

Otiorhynchus (Im /
Im Frass / L Frass)

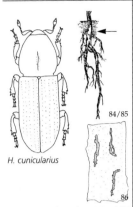

H. cunicularius

Reifungsfrass / Brutbild

Fam. Scolytidae

* ***Hylastes cunicularius*** (U. Fam. Hylesininae)
Schwarzer Fichtenbastkäfer (Hylésine du sapin, Hylésine mineur de l'épicéa; Ilaste dell'abete rosso)

Wirtsarten: *Picea abies*
Schaden durch: Jungkäfer
Monogam. Jungkäfer schaden durch Reifungsfrass an Wurzelhälsen von 3-10jährigen Fichten und Kiefern. Im Gegensatz zum Reifungsfrass erfolgt der Larvenfrass an abgestorbenen Wurzeln von Bäumen und ist deshalb forstwirtschaftlich belanglos.
Grösse: 3-5 mm

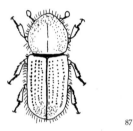

D. autographus

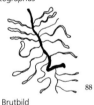

Brutbild

* ***Dryocoetes autographus*** (U. Fam. Ipinae)
Zottiger Fichtenborkenkäfer (Bostryche autographe)

Wirtsarten: *Picea abies*
Schaden durch: Larve
Rindenbrüter, monogam, meist an der Basis alter, abgestorbener Fichten brütend; soll aber gelegentlich Jungfichten befallen und diese dann stark schädigen. Der Muttergang ist unregelmässig, kurz, längs oder schräg; die Larvengänge sind geschlängelt.
Grösse: 3-4 mm

Hymenoptera

U.Ord. Symphyta

Fam. Tenthredinidae

Pristiphora abietina

○ ***Pristiphora abietina***
Kleine Fichtenblattwespe (Némate de l'épicéa)

Kann in Fichtenkulturen starke Schäden anrichten. Wird unter Insekten des Fichtenbestandes behandelt.

Lepidoptera

Fam. Tortricidae = Wickler

● **Epinotia (Asthenia) pygmaeana**
Kleiner Fichtennadelmarkwickler

Wirtsarten: *Picea abies*
Schaden durch: Larve
Seltener Primärschädling in Kulturen, Stangen- und Althölzern; monovoltin. VFl mit graubraunem Wurzelfeld, saumwärts scharfwinklig vorspringend, eine Spitze bildend, welche die auf das Wurzelfeld folgende, bleigraue Querbinde fast ganz unterbricht. Das Saumfeld mehr rotbräunlich, zart glänzend; Costa mit 3 schwarzen Häkchen, die durch weisse Zwischenräume getrennt sind.
Flugzeit: April-Mai, sobald der Schnee geschmolzen ist, an warmen, sonnigen Tagen.
Eier einzeln an vorjährigen Nadeln, meist am Grunde und auf der Unterseite. Jungräupchen zuerst farblos. Die Raupe verlässt den Geburtsort und wandert auf den Maitrieb über, um sich dort in eine junge Nadel einzubohren (Minierer). Häufig werden an den Maitrieben die Knospenschuppenhauben angesponnen, so dass sie nicht mehr abfallen können (Zeichen für Befall!). Der Frass betrifft dann zunächst nur die darunter befindlichen Nadeln (⊳ Nadelbräunung).
Die wachsende Raupe verfärbt sich blassgrün oder gelblich, zuletzt lebhaft grün; der Kopf ist hellbraun oder schwarz, das Nackenschildchen grünlich, gelblich oder dunkelbraun. Wenn die Raupe grösser geworden ist und in einer Nadel nicht mehr Platz hat, spinnt sie mehrere Nadeln eng und fest zusammen und befrisst die Nadeln von der Fläche her. Das Abspinnen zur Verpuppung im Boden erfolgt Ende Juni/Juli evtl. bis August.
Bei starkem Befall Zuwachsschaden. 1984 bis 1986 starke Vermehrung an verschiedenen Orten im Wallis; ca. 100 ha.
Grösse: Falter 5-6 mm, Flügelspannweite ca. 15 mm

90

VFl von *Epinotia pygmaeana*

91

E. pygmaeana Schadbild

Schädlinge im Bestand

IM KRONENRAUM / IN DER STAMMREGION

a) An Knospen und Trieben

Hier sind dieselben Insekten anzutreffen, die im Jungwuchs an Knospen und Trieben schädlich werden, an grossen Fichten aber entsprechend weniger Schaden stiften.

b) An den Nadeln

Sternorrhyncha

U.Ord. Aphididea

Fam. Aphididae = Röhrenläuse

○ *Liosomaphis abietina* Walk.
Fichtenröhrenlaus (Sitkalaus; Puceron de l'épicéa de sitka; Afide verde dell'abete rosso)

Wirtsarten: *Picea* sp.
Schaden durch: Larve, Imago
Ungeflügelte Virgo, 1-1.5 mm, während des ganzen Jahres; im Frühjahr und Sommer auch geflügelte Virgines, beide grün mit roten Augen. Daneben im Herbst in geringer Zahl Männchen und ovipare Weibchen. Aus deren Eiern, die überwintern, entstehen im Frühjahr innerhalb 3 Wochen über ein Eilarvenstadium und 3 Nymphenstadien die parthenogenetischen Fundatrices. Virgines sind das ganze Jahr über fortpflanzungsbereit. Schnelle Generationenfolge, die einen kleinen Besatz unter günstigen Bedingungen rasch anwachsen lässt. Günstig sind milde Winter, in denen die Sterblichkeit gering ist und die Fortpflanzungstätigkeit, wenn auch verlangsamt, andauert. Folgt ein warmes Frühjahr, so vermehrt sich der vergleichsweise hohe Lausbestand in wenigen Wochen zu riesigen Massen. Im Sommer bricht regelmässig die Massenvermehrung durch Nahrungsmangel und das Wirken von Feinden (Coccinelliden und Syrphiden) zusammen. Die Läuse sitzen an der Unterseite der Nadeln. Durch ihr Saugen entstehen an diesen gelbe Flekken und Bänder; die Nadeln verfärben sich braun oder violett und fallen schliesslich ab. Alte Nadeln werden bevorzugt, die diesjährigen bleiben meist erhalten. Befallen werden alle Arten der Gattung *Picea*, am stärksten gefährdet ist die Sitkafichte. Es sind schon ganze Bestände der Laus zum Opfer gefallen. Auffallend ist auch der Schaden an Blaufichten in Gartenanlagen. Massenvermehrungen kommen aber auch an *P. abies* vor.

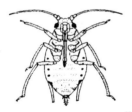

92

Liosomaphis abietina; ungeflügelte Virgo (Unterseite mit Saugrüssel)

Hymenoptera: Symphyta

Fam. Tenthredinidae = (echte) Blattwespen

* Pristiphora abietina (*Lygaeonematus abietinum*)
Kleine Fichtenblattwespe (Némate de l'épicéa)

93

Pristiphora abietina

Wirtsarten: *Picea abies*
Schaden durch: Larve
Sehr kleine Art: ♂ gelbbraun mit braunschwarzer Zeichnung;
♀ schwarzbraun bis schwarz mit helleren Flecken. L erst durch-
sichtig, dann hellgrün mit gelblichem oder bräunlichrotem
Kopf. Sie ist eine typische Tenthrediniden-Afterraupe, mit 6
Paar Abdominal-Stummelfüssen, die vorne nur am 1. Segment
fehlen, plus Nachschieber. Das Abdomen wird bei Beunruhi-
gung S- förmig nach oben gebogen und hin und her ge-
schwungen; dabei wird Wanzengeruch aus Bauchdrüsen abge-
geben.
Die Junglarven minieren; ältere Larvenstadien befressen die Nadeln von der Spitze her.
Massenvermehrungen gewöhnlich nur auf einzelnen Baum-
gruppen, daher nie grössere Kalamitäten zu befürchten (vgl.
Jungwuchs).
Grösse: ♂ 4.5-6 mm; ♀ 5.5-7 mm

94

L von *P. abietina*

Fam. Diprionidae = Buschhornblattwespen[1]

* Gilpinia (Diprion) hercyniae
Fichtenbuschhornblattwespe (Tenthrède de l'épinette)

Wirtsarten: *Picea abies*
Schaden durch: Larve
♀ (parthenogenetisch) legt Eier einzeln in Nadelritzen. L =
Afterraupe mit 7 Abdominalfusspaaren, plus Nachschieber).
Anfänglich grün, dann grün mit weissen Längsbändern. Zuerst
in Nadel minierend, dann Nadeln aussen von der Spitze weg ab-
nagend. Bei uns indifferent. In Nordamerika eingeschleppt (Eu-
ropean spruce sawfly) und - wegen mangelnder natürlicher
Feinde - durch Massenvermehrung sehr schädlich geworden.
Populationen bei uns (und heute auch in den meisten Wäldern
Kanadas) durch parasitoide Wespen, Kern-Polyedervirus-
Krankheit (NPV), Mäuse und Spitzmäuse niedrig gehalten.
Grösse: 8-9 mm

95

Frassbild von P. abietina

Gilpinia hercyniae ♀

96

97

Diprioniden-Larve

[1] ♀♀ produzieren Pheromon, das von den ♂♂ mit ihren buschigen Fühlern
(«Buschhörner») wahrgenommen wird.

Fam. Pamphiliidae = Gespinstblattwespen

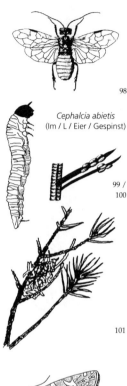

Cephalcia abietis
(Im / L / Eier / Gespinst)

98

99 /
100

101

* **Cephalcia abietis**
Fichtengespinstblattwespe (Lyde de l'épicéa, Lyde sociable des pins)

Wirtsarten: *Picea abies*
Schaden durch: Larve
L = anfänglich schmutzig graugrüne, zuletzt grüne oder orange Afterraupe, ohne Bauchfüsse, jedoch mit mehrgliedrigen Aftergriffeln und relativ langen Fühlern. Bei der Imago sind Kopf und Thorax schwarz mit gelben Flecken; Abdomen vorne schwarz, hinten orange.
Befällt 40-140jährige Fichtenbestände, besonders in Berggegenden. Das ♀ legt bis zu 120 Eier, wobei jeweils 1 Gelege von 4-12 Eiern an der Spitzenhälfte vorjähriger Nadeln angebracht wird. Das ♀ sägt mit der Legesäge Ritzen in die Nadeln in die die Eier mit ihrem kleinen Fortsatz gesteckt werden. Die L fressen gesellig in Gespinsten an der Basis der befallenen Zweige vorwiegend ältere Nadeln. L wandern im August bis 30 cm tief in den Boden, wo sie sich aber erst nach 2-3 jähriger Diapause verpuppen (*Überliegen*). Puppenruhe 2-3 Wochen.
Schaden nur bei Massenauftreten und meist zudem nur Zuwachsverlust, weil Knospen und Maitriebe verschont bleiben. Kann aber Bäume für Folgeschäden durch Borkenkäfer prädisponieren.
Feinde: Vögel, Schlupfwespen, Kamelhalsfliegen, Raupenfliegen, Spinnen; am Boden Mäuse.
Grösse: 11-14 mm

Lepidoptera

Fam. Tortricidae

Epinotia tedella

102

* **Epinotia (Epiblema) tedella**
Fichtennestwickler (Tordeuse des aiguilles de l'épicéa; Minatrice delle foglie dell'abete rosso)

Wirtsarten: *Picea abies*
Schaden durch: Larve
Räupchen ist Minierer; später spinnt es bis zu 16 Nadeln zu einem «Nest» zusammen. Hauptfrasszeit August / September, bei günstiger Witterung bis November. Minierte Nadeln vergilben und bräunen sich später. Befall v.a. an vorjährigen Nadeln. Massenvermehrungen kommen vor, bewirken aber gewöhnlich nur Zuwachsverlust, da Knospen verschont werden.
Bis 1700 m ü.M..
Grösse: Spannweite ca. 13 mm

103

E. tedella Schadbild

Fam. Lymantriidae = Woll-, Träg-, oder Schadspinner

○ **Lymantria monacha**
Nonne (Bombyx moine, Nonne; Monaca)

Wirtsarten: *Picea abies, A. alba, P. silvestris, L. decidua;*
Laubholz
Schaden durch: Larve
Falter weiss mit 4 schwarzen Zickzackstreifen auf den Vorderflügeln; Thorax weiss, schwarz gefleckt; Abdomen des ♀ mit
leicht roter Tönung.
An Fichte Frass zuerst an den Maitrieben oder austreibenden
Knospen, dann im 3. Stadium an vorjährigen Nadeln. Fichte
stirbt bei mehr als 70% Nadelverlust ab. Spät treibende Fichten
sind resistent! Reife Raupe spinnt sich in Stammritzen oder in
Flechtenbesatz ein (Juni/Juli); bei Massenvermehrung überall,
auch frei am Stamm. Puppe 2-3 Wochen. Falter tagsüber träge
an Stämmen ruhend. Flugzeit: Abendstunden, Juli/August.
Eier werden zu 20-100 je Gelege, teils unter Rindenschuppen
abgelegt, meist an der unteren Stammpartie. Das junge Räupchen macht im Ei eine Diapause bis zum nächsten Frühjahr
durch (7-8 Monate).

Massenvermehrungen benötigen vom ersten sichtbaren Auf-
treten mindestens weitere 2 Jahre bis zum Kahlfrass (1. Jahr =
Naschfrass; 2. Jahr = Lichtfrass; ab 3. Jahr = Kahlfrass). 1888/92
in Bayern fast 5300 ha Fichtenbestände kahlgefressen.
In der Schweiz 1965 Massenvermehrung im Wallis.
Grösse: Spannweite 35-60 mm

104   ♀

105   ♂
Lymantria monacha Im

106

107
L. monacha Im, Eigelege

108
L. monacha Larve

35

Molorchus Imago   Larve

Molorchus Larvenfrass

c) **Unter der Rinde: in der obersten Stamm-region und den Ästen**

Coleoptera

Fam. Cerambycidae

* ***Molorchus (Caenoptera) minor***
Kleiner Wespenbock (Longicorne / Molorque mineur)

109/
110

111

Wirtsarten: *Picea abies*
Schaden durch: Larve
Sehr häufige Käfer, schwarz, mit rotbraunen Fühlern, Beinen und Flügeldecken. Diese auffallend verkürzt, darunter häutige Hinterflügel hervorragend. Lässt sich bei Störung meist auf den Boden fallen. L nagt in Ästen scharf gerandete, verschlungene Gänge in Bastschicht, ausgefüllt mit weissem und braunem Frassmehl (Pfeffer und Salz!). Puppenwiege in bogenförmigem «Hakengang» im Holz. Schlupfloch oval, meist schräg zur Astachse.
Grösse: 8-13 mm

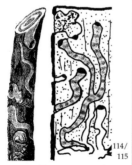

Anthaxia quadripunctata (Im, L)

112/
113

A. quadripunctata Larvenfrass

114/
115

Fam. Buprestidae

* ***Anthaxia quadripunctata***
Vierpunkt-Prachtkäfer (Bupreste à quatre points)

Wirtsarten: *Picea abies*
Schaden durch: Larve
Häufigster Prachtkäfer unserer Nadelwälder, 5-7 mm lang, blau-grünschwarz. Nur Sekundärschädling in Stangenfichten und -föhren, in Ästen, sowie in Zaunpfählen und -latten und in Bretterschwarten. L mit scheibenförmig verbreitertem Prothorax. Unregelmässige, geschlängelte, allmählich breiter werdende, 5-8 cm lange Larvenfrassgänge zwischen Bast und Splint (Bohrmehl abwechselnd hell und dunkel!). Verpuppung nach 2-4 Jahren im Holz (technischer Schädling).
Flugloch flachoval, meist quer zur Stammachse.
Grösse: 5-7 mm

Die folgenden rindenbrütenden Borkenkäfer bevorzugen dünne Rinde und leben deshalb im obersten Teil des Stammes und in den Ästen. Sie kommen aber auch im Stangenholz und in relativ grossem Jungwuchs vor. Ihre Reihenfolge entspricht ihrer Einnischung in der Krone von oben nach unten.

Fam. Scolytidae

○ **Cryphalus abietis** (U.Fam. Ipinae)
Gekörnter Fichtenborkenkäfer (Bostryche granuleux; Crifalo dell'abete rosso)

Wirtsarten: *Picea abies*
Schaden durch: Larve
Monogamer Borkenkäfer mit platzweise ausgefressenem Muttergang (meist quer zur Achse). Befällt nicht nur Stamm in Wipfelregion, sondern auch sehr dünne Ästchen. L-Gänge längs, geschlängelt, 2-4 cm, oft unregelmässig. Am häufigsten wird 20-40jähriges Stangenholz befallen. Gelegentlich aber auch 2-12jährige Fichten, dann sehr schädlich.
Grösse: 1.2-2 mm

116 /117

Cryphalus abietis (Im / Brutbild)

* **Pityophthorus pityographus** (U.Fam. Ipinae)
Kleiner oder Furchenflügeliger Fichtenborkenkäfer (Bostryche micrographe)

Wirtsarten: *Picea abies*; selten *Pinus* spp.
Schaden durch: Larve
Polygamer Rindenbrüter an Fichte (seltener Kiefer), bevorzugt ebenfalls dünne Rinde, daher in Stangenholz, hauptsächlich aber in Ästen. 4-7armiger, scharfkantig geschnittener Sterngang und Rammelkammer tief im Splint. Grosse Abstände zwischen den L Gängen.
Häufig, aber selten schädlich.
Grösse: 1.1-1.5 mm

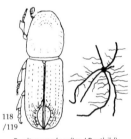

118 /119

P. pityographus (Im / Brutbild)

● **Pityogenes chalcographus** (U.Fam. Ipinae)
Kupferstecher oder Sechszähniger Fichtenborkenkäfer (Bostryche chalcographe; Bostrico calcografo)

Wirtsarten: *Picea abies;* selten *Pinus* spp.
Schaden durch: Larve
Polygamer Rindenbrüter an Fichte. Bevorzugt dünne Rinde, daher in Bodennähe nur an jungem Stangenholz oder dann oben am Stamm und an den Ästen. 3-6armiger Sterngang. Larvengänge dicht, zahlreich, bisweilen nur im Splint sichtbar. Rammelkammer meist ganz, sonst hauptsächlich in der Rinde. Käfer leuchtend dunkelbraun, mit 3 sehr charakteristischen Zähnen beidseits des Flügelabsturzes. 1-2 Generationen. Flugzeiten: April/Mai (Spätschwärmer) und Juli/August, daher oft 2. Generation unvollständig.
Relativ häufig, schädlich vor allem in Begleitung des Buchdruckers.
Grösse: 1.6-2.9 mm

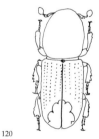

120

Pityogenes chalcographus

121

Brutbild von *P. chalcographus*

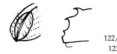

P. pityographus P. chalcographus

Differentialdiagnose:

	P. pityographus	*P. chalcographus*
Sterngang	4-7armig	3-6armig
Rammelkammer	tief im Splint	nicht, selten im Splint
Muttergänge	< 1 mm breit	> 1 mm breit
Abstand zw. L-Gängen	gross	gering

122/
123

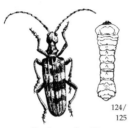

Rhagium sp. (Im / L)

124/
125

d) In und unter der Rinde: in der unteren Stammregion

Fam. Cerambycidae

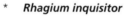

* ***Rhagium bifasciatum***
Zweibindiger Zangenbock (Rhagie à deux taches; Ragio bifasciato)

Rhagium sp. Frass

126

* ***Rhagium inquisitor***
Spürender Zangenbock (Rhagie chercheuse)

Wirtsarten: *Picea abies, Pinus* spp.
Schaden: kein eigentlicher Schaden
Tertiäre, indifferente Arten in Fichte und Kiefer *(bifasciatum* auch in Laubbäumen), nur in absterbenden oder schon toten Bäumen.
Stehende Bäume werden erst befallen, wenn sie von anderen Schädlingen verlassen sind und sich die Rinde zu lösen beginnt.
L unter Rinde; Verpuppung in grossen, flachen, rund-ovalen Puppenwiegen (Ø 3-4 cm) mit kranzförmig angeordneten groben Nagespänen (vgl. *Pissodes*-Arten mit kleinen Puppenwiegen (Ø 5x12-14 mm) mit feinen Spänchen).
Grösse: ca. 18 mm

127

Rhagium sp. Puppenwiege

Fam. Scolytidae: Borkenkäfer

Die Reihenfolge der folgenden Borkenkäfer der Stammregion entspricht dem hauptsächlichsten Auftreten (Einnischung, ökologische Sonderung nach Rindendicke) von unten nach oben am Stamm.

- **Dendroctonus micans** (U.Fam Hylesininae)
  Riesenbastkäfer (Hylésine géant)

Wirtsarten: *Picea abies, Abies alba*
Schaden durch: Larve
Grösster und primärster unserer Borkenkäfer, dunkelbraun, monogam.
Befällt Fichten und Tannen; bevorzugt Wunden nahe der Stammbasis (Schälwunden, Fällungsschäden, Blitzrisse, etc.), doch kommt Befall auch höher am Stamm vor. L fressen in geschlossener Phalanx (Familien-Platzfrass), z.T. Sozialverhalten beobachtbar. Befall an typischen Harztrichtern aus mörtelartiger Mischung von Harz und Bohrmehl (vom Stamm abstehend) erkennbar. Wird bei uns meist von Spechten unter Kontrolle gehalten. 1991/92 grösserer Massenbefall im Neuenburger Jura.
Grösse: 7-9 mm

- **Ips typographus** (U.Fam Ipinae)
  Buchdrucker oder Grosser achtzähniger Fichtenborkenkäfer
  (Bostryche typographe; Bostrico tipografo)

Wirtsarten: *Picea abies;* selten *L. decidua, P. silvestris*
Schaden durch: Larve, (Käfer)
4.2-5.5 mm lang. Befällt liegende oder stehende Fichten (gelegentlich Lärche oder Kiefer), polygam. Brutanlage entweder einarmig (ein Muttergang stets in Kronenrichtung weisend) oder zweiarmiger Längsgang (zwei Muttergänge) oder dreiarmiger «Stimmgabelgang» mit drei Muttergängen. Vordere Fühlerkeulennaht in der Mitte stark vorgezogen. Charakteristisch am Käfer ist der matt seifenglänzende, undeutlich punktierte Absturz der Elytren, jederseits mit 4 Zähnchen, davon der 3. am grössten und knopfförmig eingeschnürt. Absturz dient der Aufnahme von Bohrmehl, das das ♂ von den ♀♀ übernimmt und aus der Brutanlage entfernt.
Flugzeiten: April-Mai und Juli. Schwärmtemp. etwa 20 °C.
♂ bohrt Einbohrtunnel und Rammelkammer (gibt dabei Populationspheromon ab), ♀♀ bohren Muttergänge mit Einischen und Luftlöchern.
Larvenfrass/Eiablage = 2-4 Wochen (♀♀ lassen sich nach Ablage von jeweils 9-11 Eiern wieder begatten); Eientwicklung = 1-3 W.; Larvenentwicklung = 2-4 W.; Puppenstadium 1-2 W.;

128

Dendroctonus micans

129

D. micans:
Einbohrstelle mit Harztrichter

130

Familien-Platzfrass

/131

/132

133

Ips typographus (Im / Fühler / L)

134

I. typographus Brutsystem

Fichte

Fortsetzung zu *I. typographus:*

Ausreifung der Jungkäfer = 2-4 W. Nach Verlassen der 1. Brutanlage bauen Weibchen oft eine 2. Brutanlage (Geschwisterbrut), oftmals erkennbar an längerem, sterilem Endteil («Witwengang»).

Einer der häufigsten und schädlichsten Borkenkäfer, der leicht zu Massenvermehrungen neigt. Anflugbäume sind 60jährige und ältere, kränkelnde Stämme an trockenen Lagen und anbrüchige Stämme. Befall beginnt meist in Kronennähe und geht dann tiefer. Äusseres Merkmal: braunes Bohrmehl; Grauwerden der Rinde in der Krone; Luftlöcher und Schlupflöcher.

Bei Massenvermehrungen besonders in Monokulturen an ungeeigneten Standorten kann auch Primärschaden an gesunden Stämmen erfolgen, wenn Befall so gross, dass Harzfluss zur Abwehr des harzgewöhnten Käfers nicht genügen kann.

Durch den Frass auf der Innenseite der Rinde wird der Saftstrom im Bast gestört oder ganz unterbrochen und die Rinde gelöst. Der Stamm trocknet aus (sog. Käfertrocknis oder «Wurmtrocknis»).

Letzte grössere Massenvermehrungen in Mitteleuropa 1945/51 (Niederschlagsdefizit seit 1940), der 30 Mio m^3 zum Opfer fielen, 1984-89 nach Trockenjahr 1983 und 1991/1992 nach dem Sturmjahr 1990.

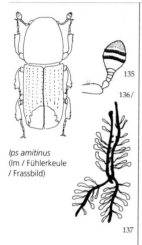

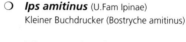

Ips amitinus
(Im / Fühlerkeule
/ Frassbild)

○ *Ips amitinus* (U.Fam Ipinae)
Kleiner Buchdrucker (Bostryche amitinus)

Wirtsarten: *Picea abies, Pinus* spp., *L. decidua*
Schaden durch: Larve
Ökonomisch nicht sehr bedeutender, doch manchmal schädlicher Käfer. Polygam, mit deutlich punktiertem, glänzendem Flügelabsturz (Unterschied zu *I. typographus*); Fühlerkeulennähte fast gerade und Kopfschild des ♂ mit Höckerchen (Unterschiede zu *I. cembrae*).

I. amitinus befällt vor allem Fichte, aber auch Tanne, Lärche und Föhre; in der subalpinen Stufe vor allem Arve, Bergföhre und Latsche. Rammelkammer in der Rinde; Längs-Sterngang 3-7armig, teils im Splint (im Gegensatz zu *I. typographus*).
Grösse: 3.5-4 mm

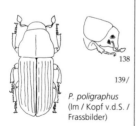

P. poligraphus
(Im / Kopf v.d.S. /
Frassbilder)

● *Polygraphus poligraphus* (U.Fam Hylesininae)
Städteschreiber oder Doppeläugiger Fichtenbastkäfer (Hylésine polygraphe)

Wirtsarten: *Picea abies*, selten *P. silvestris*
Schaden durch: Larve
Käfer mit zweigeteilten Augen, polygam, 3-8armiger Sterngang mit Rammelkammer in der Rinde, auf der Unterseite der Rinde meist nicht sichtbar. Oft wirres Gangsystem.

Vor allem in 20-40jährigen Fichtenbeständen, in Stämmen von geschwächten Bäumen, oft mit Hallimaschbefall der Wurzeln; auch nach Blitzschäden und als Begleiter des Buchdruckers.
Grösse: 2-2.5 mm

○ **Hylurgops palliatus** (U. Fam Hylesininae)
Fichtenbastkäfer

Wirtsarten: *Picea abies, Pinus* spp., *L. decidua*
Schaden durch: Larve
Rindenbrüter, monogam, braun bis rotbraun mit schwarzem
Kopf. Sekundärschädling in Wind- und Schneebruchflächen,
sehr häufig auch in Stapelholz von Fichte, aber auch Lärche,
Kiefer und Tanne an feuchten, schattigen Plätzen. Der Mutter-
gang ist einarmig, mit stiefelartigem Anfang, bis 5 cm lang. L-
Gänge wirr durcheinander. Bei starkem Befall wird die Innen-
seite der Rinde ganz in Mulm verwandelt, sodass keine typi-
schen Frassfiguren mehr sichtbar sind.
Grösse: 2.5-3.2 mm

142

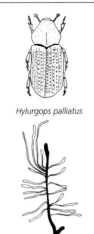

Hylurgops palliatus

143

Frassbild von H. palliatus

---

e) Frass unter der Rinde, Puppenwiege im Holz

Fam. Cerambycidae

○ **Tetropium castaneum**
Zerstörender Fichtenbock (Callide de l'épicéa; Cerambice dell'
abete rosso)

Form *castaneum*:	Kopf, Thorax und Schildchen schwarz, Antennen und Beine braun.
Form *luridum*:	wie *castaneum*, aber Schenkel schwarz
Form *fulcratum*:	wie *castaneum*, Elytren schwarz
Form *aulicum*:	ganz schwarz.

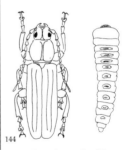

144

Tetropium sp. (Im / L)

○ **Tetropium fuscum**
Brauner Fichtenbock

Wirtsarten: *Picea abies, Pinus* spp., *L. decidua*
Schaden durch: Larve
Kopf und Thorax schwarz, Schildchen, Antennen und Beine
braun, Elytren hellbraun, vorderes Drittel heller als hinten.
Schädlichster aller Nadelholzböcke. Befällt meist den untersten
Stammteil. L fressen zwischen Rinde und Holz unregelmässige,
stellenweise muschelförmig erweiterte Gänge, die auch in den
Splint eingreifen. Im Herbst dringen die Larven in das Holz ein,
anfangs radial nach innen, dann als Hakengang (s. Pfeil) nach
unten. L überwintert dort und verpuppt sich im Frühling. Flug-
loch flachoval, meist parallel zur Stammachse.
Schaden: physiologisch und technisch!
Grösse: 10-20 mm

145

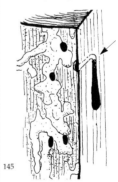

Frassgänge von Tetropium L

41

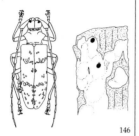

Monochamus sartor (Im / Frass)

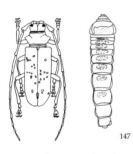

147

Monochamus sutor (Im / L)

○ **Monochamus sartor**
Schneiderbock (Monochame sarcleur)
Grösse: 19-35 mm

○ **Monochamus sutor**
Schusterbock

Wirtsarten: *Picea abies, Pinus silvestris, Abies alba*
Schaden durch: Larve
Grosse, lange Käfer, schwarz mit weissen Flecken. Prothorax mit seitlichen Dornen.
Sekundärschädlinge in Fichte und Kiefer, seltener Tanne (physiologisch und technisch schädlich). Befallen werden besonders liegende sowie stehende Stämme und dicke Äste nach Waldbrand, Wind- oder Schneebruch und Insektenkalamitäten. L frisst zuerst einen unregelmässigen Platz halb in der Rinde, halb im Splint aus (nicht verwechseln mit Platzgang von *Callidium violaceum*, s. Arve/Bergföhre)und dringt dann durch ein ovales Bohrloch in das Holz ein. Später wieder gegen Stammoberfläche fressend und dort sich verpuppend. Flugloch gross, kreisrund, ähnlich dem Flugloch der Riesenholzwespe (*Urocerus gigas*). Differentialdiagnose: *Monochamus* mit Platzgang unter der Rinde und von diesem aus ovaler Gang ins Holz, der in rundem Schlupfloch endet; *Urocerus* mit runden Holzgängen, die 1.5-2 cm unter der Holzoberfläche im Holzinnern klein beginnen, mit Bohrmehl dicht 'gestopft sind und zunehmend grösser werden.
Grösse: 15-24 mm

f) Nur im Holz (Holzbrüter)

Coleoptera

Fam. Scolytidae

● **Trypodendron lineatum** (*Xyloterus lineatus*)
(U.Fam. Ipinae)
Nadelnutzholzbohrer, Linierter Nutzholzborkenkäfer (Bostryche liseré, Bostryche strié; Xilotero lineato)

Wirtsarten: *Picea abies, Pinus silvestris, Abies alba*
Schaden durch: ♀ Imago
In Fichte und Tanne (seltener in Föhre und Lärche) brütender, monogamer Pilzzüchter (Ambrosiakäfer, s.S. 19). Horizontalgabelgänge im Splintholz: Eingangsröhre radiär, dann meist 2, bis 7 cm lange, den Jahrringen folgende, in einer Ebene liegende Horizontalgänge. Eiablage in nach oben und unten gerichteten Einischen, die von den Larven zu kurzen «Leitersprossen» er-

148

Trypodendron lineatum

weitert werden. Jungkäfer schlüpfen im Herbst und überwintern im Boden; Schwärmzeit März /April. In der Schweiz wichtigster Schädling von im Wald gelagerten Fichtenstämmen. Bei feuchter Lagerung befällt er auch (unsauber) geschälte Stämme. Sonst besonders in Stöcken im ersten Abbaustadium (somit Nützling), neigt aber zu Massenvermehrungen und kann dann auch im Bestand schädlich werden. Häufig technischer Schädling in Sägewerken. Flügeldecken mit je 2 dunklen Längsbinden; Absturz ohne Zähne; Augen zweigeteilt. **Grösse:** 2.8-3.8 mm

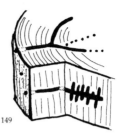

149

T. lineatum Frassgänge
(Leitergänge)

Hymenoptera

U.Ord. Symphyta

Fam. Siricidae = Holzwespen

● ***Urocerus (Sirex) gigas***
Riesenholzwespe (Sirex des pins, Sirex géant; Sirice gigante)

Wirtsarten: *Picea abies, Abies alba, Pinus, Fraxinus, Populus*
Schaden durch: Larve
Grosse Wespen mit zylindrischem Abdomen. ♂ mit rotem, an Basis und Spitze schwarzem Abdomen. ♀ grösser, vorherrschend gelb, mit langem Legebohrer (Ovipositor, ohne Giftapparat). Auffällig schwirrendes Fluggeräusch, greifen den Menschen nicht an.

150

Urocerus gigas ♀

Eiablage tief ins Holz. Weibchen legt 400-500 Eier, vorwiegend in Fichte und Tanne, seltener Kiefer und Lärche, aber auch in Esche und Pappel (polyphag!). Das Ei wird mit Schleim umhüllt, der Pilzsporen enthält. Stehende und frisch gefällte Bäume werden bevorzugt an Wundstellen (Fäll- und Rückeschäden) mit Eiern belegt. Deshalb oft Schlupflöcher an umwallten Wundstellen stehender Bäume beobachtbar. Durch die Pilzsporen oft Verpilzung der Stämme im Innern! Als Stockbrüter auch nützlich.

151

Larve von *U. gigas*

Die Larven sind weiss, augenlos, ohne Abdominalfüsse (im Gegensatz zu Afterraupen vieler Blattwespen!), mit rudimentären Thorakalbeinen und deutlichem Kopf, am Hinterende stark sklerotisierter Dorn zum Stopfen des Bohrmehls im Frassgang. Die Bohrgänge sind zylindrisch, bogenförmig, anfangs im weichen Sommerholz eines Jahrringes verlaufend, dann nach innen abbiegend. Die Frassgänge erreichen eine Länge von 40 cm. Sie sind so dicht mit Bohrmehl gestopft, dass sie bei der Holzverarbeitung oft nicht auffallen. Deshalb schlüpfen manchmal aus scheinbar gesunden Dachlatten, Dachbalken, Schwellen, Türrahmen oder Böden Holzwespen. Allfällig dem Holz aufliegende Bekleidungen wie Lineoleum, Teppiche, Dachpap-

152

Frassbild von *U. gigas*

Fichte

Fortsetzung von *U. gigas*:

pe oder selbst Verputz und 4 mm dicke Bleiplatten werden von der Wespe leicht durchnagt. Weiterer Befall des nun zu trockenen Holzes ist aber nicht zu befürchten.

Die Larven ernähren sich einerseits von Zellinhaltsstoffen des Holzes, andererseits von den holzzerstörenden Pilzen, mit denen sie in fester Gemeinschaft stehen. Als Pilze kommen in Frage: *Stereum sanguinolentum* (in stehenden Fichten, z.B. nach Rotwildschälung auftretend), *Ceratostomella pini* (Kiefern-Blaufäulepilz), *Trametes odorata* (Fencheltramete, an Tanne), *Polyporus imberbis* (an Laubholz). Ob die Pilze wirklich notwendig sind, ist noch nicht klar.

Die ausgewachsene Larve bohrt sich gegen die Stammoberfläche zurück und bildet etwas unter der Rinde die Puppenwiege, die frei von Bohrmehl ist. Die Puppe ist gelblichweiss. Die Imago frisst sich nach aussen und bohrt ein kreisrundes Schlupfloch (vgl. Differentialdiagnose zu *Monochamus*).

Generationendauer meist 2-3 Jahre, manchmal bis 6 Jahre.

Grösse: 25-40 mm

Vertilgerkomplex:
Ausser Schwarzspecht vor allem Schlupf- und Gallwespen. Von den Ichneumoniden sind vor allem die grössten Vertreter der Gattungen *Rhyssa*, *Thalessa* und *Ephialtes* in der Lage, Holzwespen-Larven durch das Holz hindurch zu lokalisieren und mittels des überkörperlangen Ovipositors mit einem Ei zu belegen (besonders Juni/August sieht man die Weibchen auf Baumstämmen nach Holzwespenlarven suchen). Wichtigster Parasit von älteren *U. gigas*-Larven ist *Rhyssa persuasoria* (ein Ektoparasit). Wichtigster Parasit aus der Familie der Gallwespen (Cynipidae) ist *Ibalia leucospoides*, welche die kleinen Eilarven von *U. gigas* parasitiert (Endoparasit).

Rhyssa persuasoria   153
(Eiablage auf eine Larve von *U. gigas*)

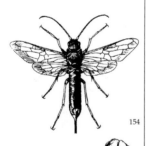

○ *Sirex* **(Paururus)** *juvencus*
Blaue Holzwespe (Sirex commun, Sirex des sapins; Sirice azzurro)

Wirtsarten: *Picea abies*, *Abies alba*, *Pinus silvestris*
Schaden durch: Larve
Etwas kleiner als *U. gigas*, 15-30 mm, ♀ blauschwarz, Extremitäten rötlichgelb; ♂ mit rötlichem Abdomen. Larven gleich häufig in Fichte, Tanne und Föhre. Biologie gleich wie bei *U. gigas*, ausser dass Larve nach dem Eindringen in den Stamm umkehrt und sich durch das Bohrmehl des gleichen Ganges zurückfrisst, soweit er nicht enger ist als ihn die Larve braucht. Man nimmt an, dass die Larve auf dem Rückweg vor allem vom Pilzmyzel lebt, das sich im Genagsel entwickelt hat. Entsprechend sind die L-Gänge bedeutend kürzer als bei *U. gigas*. Generationsdauer 2-3 Jahre.
Grösse: 15-30 mm

154

Sirex juvencus (Im / L)

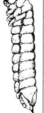
155

44

U.Ord. Aculeata

Fam. Formicidae

○ ***Camponotus herculeanus*** (U.Fam. Formicinae = Drüsenameisen)
Rossameise (Camponote herculéen; Camponoto ercole)

Wirtsarten: *Picea abies, Pinus* spp.
Schaden durch: Imago
Drei Arten: *C. herculeanus* lebt besonders in feuchten Fichtenbeständen, im Gegensatz zu *C. ligniperdus*, der trockene, sandige Föhrenwälder vorzieht und *C. vagus* in der Südschweiz. Braunschwarz mit rotbrauner Färbung am Thorax. Nestanlage im Kernholz des unteren Stammteils von Fichten, aber auch in anderen Bäumen, auch Laubbäumen, selbst Eichen; Hauptanlage auf der Sonnenseite des Stammes. Meistens wird das weiche Frühholz aus den zentralen Jahrringen herausgenagt, das harte Herbstholz dagegen stehengelassen, oft mehrere Meter stammaufwärts. Eintrittsöffnung meist an der Stammbasis. Holznest oft mit Erdnest kombiniert. Leben in Trophobiose mit Rindenläusen. Rossameisen können auch verbautes Holz (Balken von Holzhäusern in Berggebieten) befallen.
Äussere Merkmale: Genagsel an Stammbasis und grosse tiefe Spechteinschläge, besonders vom Schwarzspecht, die manchmal bis auf den Kern geführt werden. Technischer Schädling ohne grosse wirtschaftliche Bedeutung.

Grösse: Grösste einheimische Ameise: ♀ (Königin) 16-18 mm, ♀ (Arbeiterin) 12-14 mm

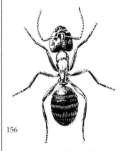

156

Camponotus herculeaneus

157

Frassbild von *C. herculeaneus*

Larvengänge und
Puppenwiegen:

Nestanlage der Rossameise
Camponotus herculeaneus

Fluglöcher:

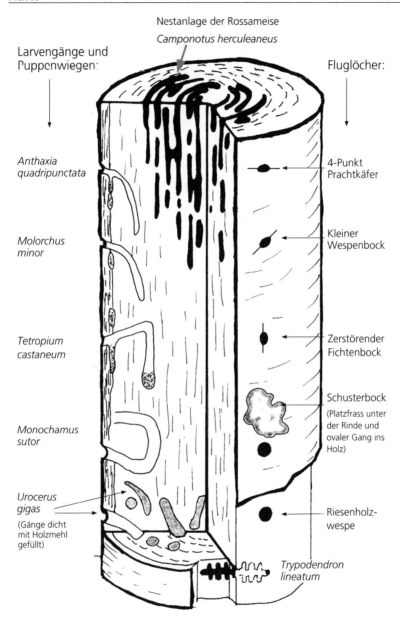

*Anthaxia
quadripunctata*

4-Punkt
Prachtkäfer

*Molorchus
minor*

Kleiner
Wespenbock

*Tetropium
castaneum*

Zerstörender
Fichtenbock

Schusterbock
(Platzfrass unter
der Rinde und
ovaler Gang ins
Holz)

*Monochamus
sutor*

*Urocerus
gigas*
(Gänge dicht
mit Holzmehl
gefüllt)

Riesenholz-
wespe

*Trypodendron
lineatum*

Abb. 158:
Frassgänge, Puppenwiegen, Nestanlagen und Fluglöcher im Fichtenholz
(ohne rindenbrütende Borkenkäfer)

INSEKTEN DER TANNE

(Abies alba)

Rinde mit Harzbeulen; Holz ohne Harzgänge. Nadeln horizontal vom Zweig abstehend; Unterseite mit weissen Wachsstreifen.

159

Schädlinge im Jungwuchs

Sternorrhyncha

U.Ord. Aphididea

Fam. Adelgidae

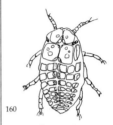

160

- ### *Dreyfusia nordmannianae* (*Dreyfusia nüsslini*)
  Einbrütige Tannentrieblaus (Chermes des rameaux du sapin pectiné; Pidocchio dell'abete bianco)

Dreyfusia nordmannianae

Wirtsarten: HW *Picea orientalis,* NW normal = *Abies nordmanniana,* bei uns *A. alba*
Schaden durch: Larve, Imago
Mit der Nordmanntanne bei uns aus der Nordosttürkei und Kaukasusregion eingeschleppte Art, deren gallenbildender Hauptwirt die Orientfichte ist, die bei uns nur in Pärken und Gärten vorkommt. Sie ist von der Nordmanntanne auf unsere Weisstanne übergegangen, die nicht an die fremde Laus angepasst ist und darum stark geschädigt wird. Auf der Tanne macht sie eine parthenogenetisch-anholozyklische Entwicklung mit nur einer Generation im Jahr durch. Die Verbreitung erfolgt vor allem durch den Wind (Wachswolle!).
Schaden: Nadelverkräuselung nach unten an Jungtrieben («Flaschenbürstchen»), später gelblich bis braune Nadelverfärbung.
Differentialdiagnose: Wenn Nadeln nach oben gebogen sind, liegt Befall durch die harmlose Weisstannen-Trieblaus *Mindarus abietinus* vor.
Grösse: ca. 1 mm

161
D. nordmannianae mit Wachswolle

162

Mindarus   *Dreyfusia*

- ### *Dreyfusia merkeri*
  Zweibrütige Tannentrieblaus

Wirtsarten: HW *Picea orientalis,* NW *Abies alba, A. nordmanniana*
Schaden durch: Larve, Imago
Im Unterschied zu voriger Art weniger Wachswollbildung und zwei Generationen im Jahr. Sonst gleich wie *D. nordmannianae.*

163

Dreyfusia Galle auf HW

Schädlinge im Bestand

IN DER STAMMREGION

a) Auf der Rinde

○ **Dreyfusia schneideri** (*Dreyfusia nordmannianae schneideri*)
Tannenstammtrieblaus

Dreyfusia nordmannianae   *Dreyfusia piceae*

Wirtsarten: *Abies alba, A. nordmanniana*
Schaden durch: Larve, Imago
Diese Unterart (Form) findet sich hauptsächlich auf den Stämmen dichtstehender Alttannen auf feuchtem Standort. Die Ausbildung von Nadelsaugern und Geflügelten unterbleibt fast vollständig. Aus den im Frühling abgelegten Eiern schlüpfen Stammsauger, die in Sommerruhe verfallen und sich erst im folgenden Frühjahr fortpflanzen (Sistentes). Die Ausbreitung geschieht vor allem durch den Wind (Wachswolle). Der Schaden ist gering.
Differentialdiagnose zu *D. piceae*: bei *D. schneideri* (wie auch bei *D. nordmannianae*) ist die Wachswolle der Läuse regelmässig ausgebildet.
Grösse: ca 0.5-1 mm

Adelges laricis   *Sacchiphantes abietis*

* **Dreyfusia piceae**
Weisstannenstammlaus (Chermes cortical du sapin; Pidocchio dell tronco dell'abete bianco)

Wirtsarten: *Abies alba*
Schaden durch: Larve, Imago
Einheimische Art. Kommt gelegentlich massenhaft vor, bleibt aber meistens harmlos, da Tanne durch Verdickung der Rinde die Läuse abwehrt (= induzierte Resistenz!). Morphologisch der *D. nordmannianae* ähnlich, aber ungefährlich. Sie lebt nur an der alten Stammrinde der Weisstanne und bedeckt diese, v.a. im Sommer (Wachswolle flockig und unregelmässig).
In Amerika eingeschleppt und dort gefährlich für die Balsamtanne, die nicht angepasst ist.

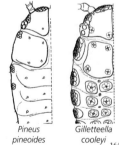

Pineus pineoides   *Gilletteella cooleyi* 164

Junglarven der Sistensgeneration der wichtigsten Adelgiden

Hinweis:

● **Gilletteella cooleyi**
Douglasienlaus (Puceron de l'épinette)

Wirtsarten: HW *Picea sitkaensis*, NW *Pseudotsuga*
Saugschaden an *Pseudotsuga;* Gallenbildung an Sitkafichte.

b) Unter der Rinde

Fam. Scolytidae

● **Pityokteines (Ips) curvidens** (U.Fam. Ipinae)
Krummzähniger Weisstannenborkenkäfer (Bostryche curvidenté, Rongeur du sapin blanc; Bostrico dai denti curvi)

Wirtsarten: *Abies alba*
Schaden durch: Larve, (Imago)
Erster Zahn des Flügelabsturzes senkrecht aufwärts gebogen; Flugzeit März/April (Frühschwärmer) und Juli; polygam; vierarmige waagrechte Klammergänge meist ohne sichtbare Rammelkammer, Larvengänge dicht stehend, längs nach oben und unten verlaufend; Puppenlager bis 1 cm tief im Splint. Unter günstigen Umständen bis zu 3 Generationen. Häufigster Feind der Weisstanne; neigt zu Massenvermehrung, ist am «Tannensterben» mitbeteiligt.
Grösse: 2.5-3.2 mm

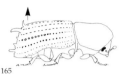

165

Pityokteines curvidens

166

Brutbild von *P. curvidens*

○ **Pityokteines (Ips) vorontzowi** (U.Fam. Ipinae)
Mittlerer Tannenborkenkäfer

Wirtsarten: *Abies alba*
Schaden durch: Larve, (Imago)
Käfer etwas kleiner als *P. curvidens*; lebt meist in glattrindigen Stämmen und Ästen der Weisstanne; 3-9armiger Sterngang (keine Klammergänge).
Grösse: 1.6-2.4 mm

167

Pityokteines vorontzowi

168

Brutbild von *P. vorontzowi*

○ **Cryphalus piceae** (U.Fam. Ipinae)
Kleiner Tannenborkenkäfer (Petit bostryche du sapin; Crifalo dell'abete bianco, Piccolo tomice)

Wirtsarten: *Abies alba*
Schaden durch: Larve, (Imago)
Käfer monogam; unregelmässige, platzartige, mit verschiedenen Ausbuchtungen versehene Muttergänge, die sich im Splint nur wenig abzeichnen; Eier werden haufenweise (20-40) lose in den Muttergängen abgelegt; radiär ausstrahlende Larvengänge; Puppenwiegen in der Rinde. Frühschwärmer (März/April) mit 2. Generation im Juni. Überwintern in Zweigen und Ästen in der Krone alter Bäume. In Stangenhölzern recht schädlich, neuerdings auch durch Winterfrass in Kronen von Altbäumen, die sich plötzlich röten.
Grösse: 1.1-1.8 mm

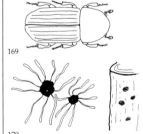

169

170

Cryphalus piceae (Im / Brutbild)

171

Pissodes piceae

172

Brutbild von *Pissodes piceae* mit L-
Gängen und Puppenwiegen

Fam. Curculionidae

○ *Pissodes piceae*
Weisstannenrüssler (Pissode du sapin; Pissode dell'abete
bianco)

Wirtsarten: *Abies alba*
Schaden durch: Larve
Käfer braun mit gelben Schuppen; Elytren punktiert gestreift.
Hinter der Mitte vereinigen sich die Schuppen zu einer rost-
gelben, an der Naht unterbrochenen Binde.
Zahlreiche Eier pro Eigrube, diese oft nahe beieinander, so dass
strahlige Gangbilder von 30 und mehr Larvengängen entstehen. Larven verpuppen sich in einer mit Genagsel ausgepol-
sterten elliptischen Puppenwiege (0.5x12 mm). Imaginalfrass
vernachlässigbar. 40-80jährige Stangenhölzer bevorzugt.
Grösse: 6-10 mm

c) Im Holz

* *Trypodendron lineatum*
Linierter Nutzholzborkenkäfer, s. Fichte

* *Urocerus gigas*, *Sirex juvencus*
Riesenholzwespe, Blaue Holzwespe, s. Fichte

IM KRONENRAUM

An Nadeln, Knospen und Trieben

Sternorrhyncha

○ *Mindarus abietinus* (Fam. Mindaridae)
Weisstannen-Trieblaus (Puceron du sapin; Schizoneura dell'
abete bianco)

Wirtsarten: *Abies alba*
Schaden durch: Larve, Imago
Monözisch. Mai-Juni an jungen Trieben der Tanne, hoch oben
in Krone! Bewirkt, dass sich Nadeln nach oben krümmen (Gegensatz zu *Dreyfusia*). Bei starkem Befall wirken Wipfel deshalb
silbrig (Silberwald!). Bei starker Lauswirkung sterben die Nadeln
des Maitriebs ab (sieht aus wie Frostschaden!) und Trieb ver-
krümmt sich. Schäden belanglos, solange sie nur einjährig auftreten. Im Schwarzwald seit heissem Sommer 1976 alternie-
rend alle 2 Jahre; ergibt Kronenverlichtung.

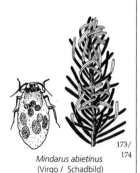

173/
174
Mindarus abietinus
(Virgo / Schadbild)

Lepidoptera

Fam. Tortricidae

○ *Epinotia nigricana*
Tannenknospenwickler (Tordeuse des bourgeons du sapin blanc)

175

Epinotia nigricana

Wirtsarten: *Abies alba*
Schaden durch: Larve
Vorderflügel dunkelbraungrau, Wurzelfeld mit bleigrauen Wellenlinien. Flugzeit Juni/Juli. Eiablage an die Knospen, die von den Räupchen ausgefressen werden (s. Pfeile). Räupchen bräunlich mit schwarzer Kopfkapsel.
Befallskennzeichen: Zwischen 2 Knospen ein weissliches, harzgetränktes Gespinst. Überwinterung im Raupenstadium; Verpuppung in Bodenschichten. Schadenfolgen sind «Besenwuchs» bzw. Storchennestkrone und Zuwachsverlust.
Grösse: Spannweite 12 mm

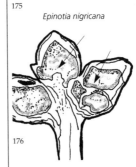

176

○ *Zeiraphera rufimitrana*
Rotköpfiger Tannenwickler (Tordeuse à tête rouge du sapin blanc)

E. nigricana Larvenfrass

Wirtsarten: *Abies alba*
Schaden durch: Larve
Vorderflügel ebenfalls dunkelbraungrau, mit heller Mittelbinde, die silbern gesäumt ist. Flugzeit Ende Juni/Mitte Juli. Eier bei der Ablage grün, später gelborange, einzeln oder in Gruppen von 2-8 unter Schuppen an der Basis der Jahrestriebe oder unter Flechten. Überwinterung im Ei. Räupchen schlüpfen Mitte April/Anfang Mai, wenn die Knospen aufbrechen. Räupchen dringen von der Spitze her durch die Knospenhülle in eine Knospe. Die durch austretendes Harz und Spinnfäden festgehaltene Schuppenmütze auf der sonst schon weitgehend geöffneten Knospe ist Befallskennzeichen. Raupe im letzten Stadium bleichgrün bis gelbgrün mit gelb bis braunrotem Kopf (im Gegensatz zur schwarzköpfigen, ebenfalls grünen Raupe von *Choristoneura murinana*, dem Tannentriebwickler, der in der Schweiz indifferent bleibt). Verpuppung in der Nadelstreu am Boden.
Massenvermehrungen in der Schweiz: 1887/88, 1890/93 (Mittelland), 1906/11, 1957/59 (Mittelland und Jura), 1983/88 im Vallée de la Morge ob Sion VS.
Grösse: Spannweite 12-16 mm

177

Zeiraphera rufimitrana

178

Schadbild von *Z. rufimitrana*

INSEKTEN DER LÄRCHE

(*Larix decidua*)

Nadeln in Vielzahl auf Kurztrieben. Einziger einheimischer Nadel-
baum, der im Winter die Nadeln abwirft. Kernholz dunkel impräg-
niert (Farbkern).

179

Schädlinge im Jungwuchs

Sternorrhyncha

U.Ord. Aphididea

Fam. Adelgidae

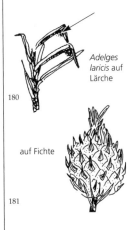

Adelges
laricis auf
Lärche

180

○ **Adelges laricis**
Rote Fichtengallenlaus, s. auch Fichte

Wirtsarten: HW *Picea abies*, NW *Larix decidua*   auf Fichte
Schaden: Saugschaden; Nadelknick
Hauptwirt ist die Fichte (Erdbeergallen); Nebenwirt ist die Lär-
che, wo die bräunlichen, mit weisser Wachswolle bedeckten
Larven meist einzeln an den Nadeln saugen. An der Saugstelle   181
charakteristischer Knick.

● **Adelges geniculatus**
Lärchennadelknicklaus

Wirtsarten: *Larix decidua*
Schaden: Saugschaden; Nadelknick
Anholozyklisch-monözische Schwesterart von *A. laricis*.   *Sacchiphantes*
Abknicken und Vergilben der besaugten Nadeln. Erreicht hohe   *viridis*
Populationsdichten, dann Zuwachsverluste und allenfalls Ab-   auf Lärche:
sterben von Bäumen nach mehrjährigem Befall.   Nadelknick

182

○ **Sacchiphantes viridis**
Grüne Fichtengallenlaus, s. auch Fichte

Wirtsarten: HW *Picea abies*, NW *Larix decidua*
Schaden: Saugschaden; Nadelknick
Hauptwirt Fichte (Ananasgallen). Larven der Lärchengeneration   183
gelblich, meist ohne Wachswolle, ebenfalls Nadelknick verursa-
chend. Zweijähriger Zyklus mit Überwinterung (Hiemosistentes)   Hiemosistentes
am NW Lärche.   auf Lärche

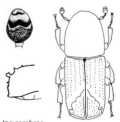

Schädlinge im Bestand

IN DER STAMMREGION

a) Unter der Rinde

Coleoptera

Fam. Scolytidae

Ips cembrae
(Fühlerkeule / Im / Absturz)

184/185
186/

O **Ips cembrae** (U. Fam. Ipinae)
Grosser Lärchenborkenkäfer (Grand bostryche du mélèze;
Bostrico del pino cembro/del larice)

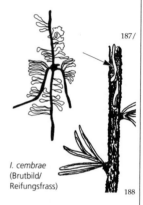

187/

Wirtsarten: *Larix decidua*; selten *Pinus* spp., *Picea abies*
Schaden durch: Larve, (Imago)
Befällt selten auch Fichte, Kiefer und Arve - der wissenschaft-
liche Name ist also irreführend. Käfer polygam, ähnlich *I. amitinus*, aber grösser und Fühlerkeulen mit Nähten, die nach vorn
ausbuchten (bei *I. amitinus* gerade). Drei und mehrarmige
Längs-Sterngänge mit Rammelkammer; Larvengänge wenig
geschlängelt; Puppenlager rindenständig. Bei günstigen
Umweltbedingungen zwei Generationen. Wird besonders
schädlich durch den Reifungsfrass der Adulten im Wipfel-
bereich junger Lärchen und an Trieben.
Grösse: 5-5.5 mm

I. cembrae
(Brutbild/
Reifungsfrass)

188

Fam. Cerambycidae

O **Tetropium gabrieli**
Lärchenbock

Biologie gleich wie *T. fuscum*, s. Fichte

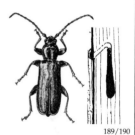

189/190

Tetropium gabrieli (Im / Hakengang)

* **Callidium violaceum**
Violetter Schönbock, s. Arve/Bergföhre

Im Engadin häufig auch auf Lärche.

b) Im Holz

Hymenoptera

191

O **Urocerus gigas**
Riesenholzwespe, s. Fichte

Urocerus gigas

IM KRONENRAUM

a) An den Nadeln

Lepidoptera

Fam. Tortricidae

● **Zeiraphera diniana**
Grauer Lärchenwickler (Tordeuse grise du mélèze; Tortrice grigia dei larici)

192

Zeiraphera diniana

Wirtsarten: Larix decidua
Schaden durch: Larve
Vorderflügel hellgrau mit brauner bis dunkelbrauner Gitterung und Querbinden. Flugzeit Ende Juli-September. In den Alpen 2 Formen (Ökotypen), eine auf Lärche und eine auf Arve. Eiablage in Rindenritzen, unter Flechten oder an der Basis von Kurztrieben vorjähriger Zweige. Überwinterung (Diapause) als Ei. Bei Lärchenform Eiräupchen gelbgrün, später graugrün bis schwärzlich grau. Zuerst in Gespinstsäckchen zwischen jungen Nadeln. Grössere Larven spinnen Nadeln zu «Wickel» (Wohnröhre) zusammen, die von oben her abgefressen wird. Im letzten Larvenstadium auch Sekundärgespinste an den Zweigen, mit Kotkrümeln. Verpuppung in der Nadel-Streuschicht. Schaden: oberhalb 1200 m periodisch Massenvermehrung, oberhalb 1400 m zyklisch in Zeitabständen von 8-10 Jahren, während der grössere Partien der Lärchenwälder von den Raupen kahlgefressen werden. Kronen bräunen sich im Juni/ Juli. Es folgt ein zweiter Nadelaustrieb im August/ September. 80-100% Zuwachsverlust. In den darauf folgenden 2-3 Jahren treiben die Nadeln verspätet, sind kurz und faserreich (induzierte Resistenz); es werden keine Zapfen (Samen) gebildet, und der Zuwachs bleibt klein.
Grösse: Flügelspannweite ca. 18 mm

193/194

Z. diniana (Im / L)

195

Schadbild von Z. diniana

Fam. Lymantriidae

○ **Lymantria monacha**
Nonne, s. Fichte

1965 im Wallis Massenvermehrung, wobei vor allem Lärchen kahlgefressen wurden. Überwachung mittels Pheromonfallen. Bekämpfung mittels Kernpolyedervirus!

196

Lymantria monacha

55

Coleophora laricella

Säckchen

198

Schadbild / Säckchen / L / Im
von *C. laricella*

Fam. Coleophoridae = Sackträgermotten

● *Coleophora laricella*

Lärchenminiermotte (Teigne mineuse du mélèze; Minatrice del larice)

197

Wirtsarten: *Larix decidua*
Schaden durch: Larve
Vorderflügel der Imago bräunlichsilbergrau, Hinterflügel dunkler grau, beide mit langen Fransen.
Flugzeit Mai/Juni. Eier napfförmig einzeln an Nadeln. Eiräupchen dringt durch Eiboden in Nadel und miniert gegen Nadelspitze (4-7 mm). Frisst im September Loch in Nadelspitze (zum Ausschleudern des Kotes), dreht sich in der Mine um, streckt sich maximal und schneidet die hohle Nadel ab. Die L2-Raupe sitzt jetzt in dem aus der Mine erstellten, vorn und hinten offenen Sack. Mit Kopf und Brustbeinen aus dem Sack herauskommend, wandert sie umher und frisst an verschiedenen Nadeln, wobei sie so tief eindringt, wie sie kann, ohne den Sack zu verlassen. Vor dem Verfärben der Nadeln sucht sie einen Überwinterungsplatz an der Basis von Kurztrieben und andern Stellen der Zweige. Im Frühling miniert sie erneut in den Nadeln. Im April hat sie das L5-Stadium erreicht. Sie ist nun zu gross für den alten Sack und muss ihn erweitern. Sie spinnt den alten Sack der Länge nach mit einer neu ausgehöhlten Nadel zusammen und schneidet beide an der Berührungsnaht auf, so dass ein neuer Sack mit doppeltem Umfang entsteht. Der Frühjahresfrass dauert 3-4 Wochen. Das ausgewachsene Räupchen ist Ende April 5 mm lang, rotbraun mit dunklem Kopf. Die Verpuppung geschieht im Sack; die Entwicklung zum Adultinsekt dauert 2-3 Wochen.
Schaden: Stärkster Frass in der Krone und an äusseren Zweigen (3jährige Pflanzen bis Altholz), was Zuwachsverlust und evtl. verspätete Bildung verkürzter Nadeln im Frühjahr bedeutet.
Grösse: Flügelspannweite 9-10 mm

b) An den Trieben

Thysanoptera

● **Taeniothrips laricivorus**
Lärchenblasenfuss (Thrips du mélèze; Tripide del larice)

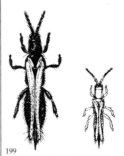

199
Taeniothrips laricivorus ♀,♂

Wirtsarten: *Larix decidua*
Schaden durch: Larve, Imago
♀ dunkelgrau bis schwarz-braun; ♂ orangegelb; beide geflügelt. Ruft durch seine Saugtätigkeit an Langtrieben und Langtriebnadeln das sog. «Lärchenwipfelsterben» hervor: Nadelkrümmungen, Wachstumshemmung und Absterben der Triebspitzen. Weisse Harztröpfchen am Terminaltrieb. An älteren Trieben Querrissbildung als Folge der Saugtätigkeit. Häufig Sekundärinfektionen durch Pilze.
1-2 Generationen pro Jahr. Im August wandern die jungen ♀♀ auf die Fichte über und verbringen dort im Schutz der vorjährigen Knospenschuppen den Winter. Im Mai des folgenden Jahres erscheinen sie wieder auf der Lärche, wo auch die Fortpflanzung erfolgt.
Wirtschaftliche Bedeutung: Primärschädling. Durch Beschädigung der Lärchenwipfel wird das Höhenwachstum gehemmt.
Grösse: ♀ 1.2-1.5 mm, ♂ 0.9 mm

200

Schadbild von T. laricivorus

Diptera

Fam. Cecidomyiidae = Gallmücken

○ **Dasineura (Dasyneura) kellneri** (*Dasineura laricis*)
Lärchenknospen-Gallmücke

Wirtsarten: *Larix decidua*
Schaden durch: Gallenbildung
♀ legt Eier an die Basis eines Nadelbüschels. L bohren sich in die nächstjährige Knospe ein, die bis August anschwillt und die umstehenden Nadeln auseinandertreibt. Triebe sterben ab; L überwintert und verpuppt sich im nächsten Frühling im Boden. Im Mittelland können die Gallen an den abgestorbenen Trieben dem Lärchenwickler als Eiablagesubstrat dienen.

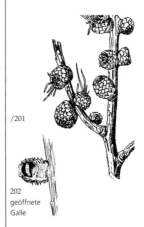

/201

202
geöffnete
Galle

Schadbild von Dasineura kellneri

INSEKTEN DER FÖHRE / KIEFER

(Pinus silvestris)

Nadeln zu zweit auf Kurztrieben.

Im Pflanzgarten und im Jungwuchs

203

Orthoptera

* **Gryllotalpa gryllotalpa**
  Werre, Maulwurfsgrille, s. Fichte

Coleoptera

* **Melolontha melolontha**
  Feldmaikäfer, s. Fichte

* **Elateriden-Larven** («Drahtwürmer»):
  Frass an Wurzeln und oberirdisch an Stämmchen im Pflanzgarten; s. Fichte.

Fam. Curculionidae

* **Hylobius abietis**
  Tannenrüsselkäfer, s. Fichte

● **Pissodes notatus**
  Kiefernkulturrüssler (Pissode noté; Pissode notato)

Wirtsarten: *Pinus* spp., selten *Picea* und *Larix*
Schaden durch: Larve
Imago rötlichbraun mit grauweissen und gelben Haarschüppchen. Vorzugsweise in 3-15jährigen Kulturen, mitunter auch an älteren Föhren. Larven fressen geschlängelte, mit Bohrmehl angefüllte Gänge zwischen Rinde und Holz abwärts. Diese enden in elliptischen Puppenwiegen, die mit Nagespänen ausgepolstert sind. Bei Ablage mehrerer Eier Strahlenfrass. Flugloch des Käfers kreisrund.
Forstl. Bedeutung: Larvenfrass kann in schlechtwüchsigen, geschwächten Kulturen sehr schädlich werden. Käferfrass nicht sehr bedeutend (im Gegensatz zu *Hylobius abietis*).
Grösse: 5-7 mm

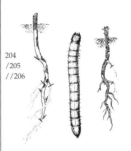

204
/205
//206

Melolontha-   *Elater* sp. (L / Frass)
Frassbild

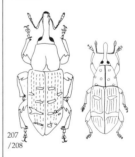

207
/208

Hylobius abietis   *Pissodes notatus*
(8-14 mm)   (5-7 mm)

209

Puppenwiegen von *P. notatus*

Hymenoptera

Fam. Diprionidae

Neodiprion sertifer ♂

210

○ ***Neodiprion sertifer***
Rote Föhren-Buschhornblattwespe (Tenthrède du pin d' écosse, Lophyre roux)

Wirtsarten: *Pinus* spp.
Schaden durch: Larve
Eier werden im Sept./Okt. reihenweise an Nadeln abgelegt. L dunkel-graugrün mit weisslichen und dunklen Längsstreifen. Benagt Mai/Juni gesellig die vorjährigen und älteren Nadeln. Endtrieb wird nicht gefressen.
Neigt in Deutschland und Österreich, besonders aber in Kanada (eingeschleppt) zu Massenvermehrung.
Grösse: 6-9 mm

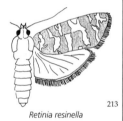

211/
212

N. sertifer (L / Frass)

Lepidoptera

Fam. Tortricidae

Retinia resinella

213

* ***Retinia (Petrova, Evetria) resinella***
Kiefernharzgallenwickler (Phalène de la résine, Tordeuse du sapin et du pin, Tordeuse résineuse; Tortrice delle galle di resina dei pini)

Wirtsarten: *Pinus* spp.
Schaden durch: Larve
L benagt unterhalb des Knospenquirls die Rinde, frisst sich dann in den Trieb hinein und verursacht eine typische Harzgalle, bestehend aus Gespinst, Kot und Harztröpfchen (im Herbst erbsengross, im folgenden Sommer bis nussgross). Weniger schädlich als nachfolgende Arten, da an Seitentrieben.
Grösse: Spannweite 16-21 mm

214

R. resinella: Harzgalle

● **Rhyacionia (Evetria) buoliana**
Föhrentriebwickler (Tordeuse des pousses du pin; Tortrice delle gemme apicali del pino)

Wirtsarten: *Pinus* spp.
Schaden durch: Larve
Imago mit ziegelrot und aschgrau gefärbten Vorderflügeln. Eier an Knospen im Juli. Larven dringen in Quirlknospen hinein und zerfressen die Knospen im Innern.

215 *Rhyacionia buoliana*

Nach Überwinterung in einer Knospe oder in Gespinst zwischen Knospen dringen die Räupchen von unten her in sich streckende Knospen ein und benagen diese von aussen rinnenartig. Die Folge ist Absterben oder Knickung des Triebes, was bei Wiederaufrichtung zur Posthornbildung führt. Anderes Schadbild: Lyrabildung oder Stammverdoppelung. Verpuppung in Basis von Maitrieben.

Forstl. Bedeutung: Ausgesprochenes Schadinsekt; durch Störung der Triebbildung in 3-12jährigen, besonders sonnig gelegenen und immissionsgeschädigten Föhrenkulturen können erhebliche Schäden entstehen. Bei wiederholtem Befall Verbuschung und Krummschäftigkeit.

216 Schadbilder von *Rh. buoliana*

Grösse: Spannweite 18-23 mm

○ **Rhyacionia (Evetria) duplana**
Kiefernquirlwickler

217

Wirtsarten: *Pinus* spp.
Schaden durch: Larve
Falter fliegt März/April.
L frisst in jungen Maitrieben von Spitze zur Basis; frisst mehrere Triebe, die welken, sich biegen und vertrocknen. Puppe überwintert auf dem Wirtsbaum.
Schaden: Wipfelverkrüppelung, Besenwuchs.
Grösse: Spannweite 15 mm

Rhyacionia duplana

○ **Blastesthia turionella** (*Rhyacionia turionana*)
Kiefernknospenwickler (Tordeuse des bourgeons du pin)

218 Schadbild von *R. duplana*

Wirtsarten: *Pinus* spp.
Schaden durch: Larve
Flug Mai (-Juni). L gelbbraun mit schwarzem Kopf.
L frisst in Terminalknospe von 6-15jährigen Föhren (besonders an sandigen Standorten) und höhlt diese aus. Besenwuchs. Schadbild ähnlich *R. buoliana*, daher oft mit dieser verwechselt.
Grösse: Spannweite 18-20 mm

219

Blastesthia turionella

Schädlinge im Bestand

IN DER STAMMREGION

a) Unter der Rinde

Coleoptera

Fam. Scolytidae = Borkenkäfer

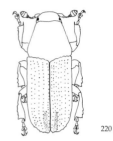

220

Tomicus piniperda

- **Tomicus (Blastophagus, Myelophilus) piniperda**
  (U.Fam. Hylesininae)
  Grosser Waldgärtner (Hylésine du pin, Jardinier du bois / de la forêt; Mielofilo distruttore dei pini)

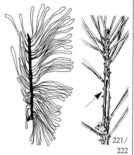

221 /
222

T. piniperda (Brutbild / Reifungsfrass)

Wirtsarten: *Pinus silvestris, P. montana;* selten *Larix* und *Picea*
Schaden durch: Larve, Imago
Imagines ganz schwarz oder Pronotum schwarz und braune Flügeldecken mit «Schattenfurchen» am Absturz.
Brutbild: einarmiger Muttergang (monogam) bis 16 cm lang, in der Längsrichtung des Baumes, den Splint kaum einbeziehend. 100-120 dicht gedrängte sehr lange Larvengänge, die nicht ins Holz hineinreichen. Oft kleiner Harztrichter beim Einbohrloch.
Flugzeit März-April. Eine Generation pro Jahr, aber Geschwistergeneration möglich. Reifungsfrass an jungen Trieben. Diese bräunen sich und fallen später ab (bei starkem Befall wirken die Kronen wie beschnitten, daher der Populärname). Überwinterung in kleinen Gängen am Stammfuss.
Forstl. Bedeutung: Larvenfrass sekundär, Reifungsfrass primär. Bei starkem Auftreten sehr schädlich.
Grösse: 3.5-4.8 mm

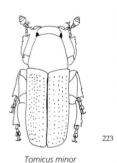

223

Tomicus minor

○ **Tomicus minor** (U.Fam. Hylesininae)
Kleiner Waldgärtner (Hylésine mineur; Mielofilo minore)

Wirtsarten: *Pinus* spp.
Schaden durch: Larve, (Imago)
Imagines ähnlich *T. piniperda,* etwas kleiner, meistens etwas hellere Elytren (rotbraun) und keine «Schattenfurchen» am Absturz.
Brutbild: Einbohrloch vielfach mit kleinem Harztrichter, meist in der dünneren Spiegelrinde; doppelarmiger Quergang (monogam) in Rinde und Splint; L-Gänge kurz, mehrere mm voneinander entfernt (Gegensatz zu *T. piniperda,* da ♀ von *T. minor* Einische mit Pilz infiziert, der von den L gefressen wird); Puppenwiege im Splint. Biologie sonst ähnlich *T. piniperda:*
1 Generation/Jahr; Regenerations- und Reifungsfrass an jungen Trieben.

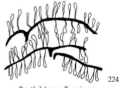

224

Brutbild von T. minor

Forstl. Bedeutung: grösser als bei *T. piniperda*, da anscheinend
mehr primär und weil schon eine geringe Zahl der Quergänge
für die befallenen Bäume gefährlich ist.
Grösse: 3.5-4 mm

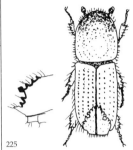

* **Hylastes cunicularius**
Schwarzer Fichtenbastkäfer, s. Fichte

* **Hylurgops palliatus**
Fichtenbastkäfer, s. Fichte

* **Ips amitinus**
Kleiner Buchdrucker, s. Fichte

225
/226
Ips sexdentatus (Absturz / Im)

○ **Ips sexdentatus** (U.Fam. Ipinae)
Grosser / Zwölfzähniger Kiefernborkenkäfer (Bostryche sténo-
graphe, Grand rongeur du pin; Bostrico dai sei denti)

Wirtsarten: *Pinus silvestris, P. montana*
Schaden durch: Larve
Imagines: grösster unserer Ipinae, polygam, braun-schwarz
glänzend, mit gelblicher Behaarung. Absturz mit beidseits 6
Zähnen.
Brutbild: 2-4armige Längsgänge, von der Rammelkammer aus-
gehend. Ein Galeriesystem kann 80-100 cm lang sein. L-Gänge
kurz. Grosse Puppenwiegen. 2 Generationen pro Jahr. Über-
winterung als Käfer unter der Rinde.
Forstl. Bedeutung: gering, da meist nur gefällte Bäume ange-
gangen werden. In der Türkei befällt er *Picea orientalis* primär!
Grösse: 6-8 mm

227
Brutbild von *I. sexdentatus*

● **Pityogenes bidentatus** (U.Fam. Ipinae)
Hakenzähniger Kiefernborkenkäfer (Bostryche bidenté, Petit
rongeur du pin; Bostrico dai due denti)

Wirtsarten: *Pinus silvestris, P. montana*
Schaden durch: Larve
Imagines: beim ♂ zwei hakenförmig nach unten gekrümmte
Zähne; polygam.
Brutbild: 3-7 verschieden lange, 1 mm breite Muttergänge
(Sterngang).
Forstl. Bedeutung: häufiger Borkenkäfer. In alten Kiefernbe-
ständen führt seine Tätigkeit zu Lichtungen in den Kronen. Be-
sonders schädlich, wenn er in Kiefernkulturen auftritt, wo er
junge Pflanzen abtöten kann. Oft gemeinsam mit *Pissodes no-
tatus*.
Grösse: 2-2.8 mm
Nahe verwandte Arten mit ähnlicher Biologie: *Pityogenes
quadridens* und *P. bistridentatus*.

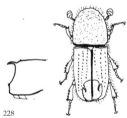

228
/229
Pityogenes bidentatus (Absturz / Im)

230
Brutbild von *P. bidentatus*

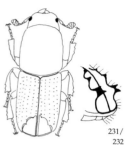

231/
232

Ips acuminatus (Im / Absturz)

233

Brutbild von I. acuminatus

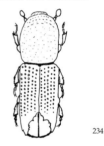

234

Orthotomicus laricis

235

Brutbild von O. laricis

● **Ips acuminatus** (U.Fam. Ipinae)
Sechszähniger / Scharfgezähnter Kiefernborkenkäfer
(Bostryche acuminé)

Wirtsarten: Pinus silvestris, P. montana
Schaden durch: Larve
Polygam; Flügeldeckenabsturz mit beiderseits 3 Zähnen, wovon
der dritte am grössten ist, beim ♂ Doppelzahn!
Brutbild: vielarmiger Sterngang mit Rammelkammer, im Splint
gut sichtbar. Muttergänge sehr lang, Larvengänge weit vonein-
ander entfernt.
Biologie: im Mittelland 2 Generationen, in den Bergen nur eine.
Forstl. Bedeutung: wichtiger als I. sexdentatus. Besonders
schädlich in den grossen Waldungen Zentral- und Osteuropas.
Grösse: 2.2-3.5 mm

* **Orthotomicus (Ips) laricis** (U.Fam. Ipinae)
Vielzähniger Kiefernborkenkäfer (Lärchenborkenkäfer, Viel-
höckriger Borkenkäfer)

Wirtsarten: Pinus silvestris, P. montana; gelegentlich an Larix
und Picea spp.
Schaden durch: Larve
Polygamer Rindenbrüter. Imagines mit beidseits einfachen Ke-
gelzähnen am Rande des Flügelabsturzes.
Brutbild: sehr unregelmässige kurze Gänge in allen Richtungen.
Eier werden haufenweise abgelegt. Larven fressen zunächst ge-
meinsam, später z.T. einzeln. Doppelte Generation kann vor-
kommen.
Forstl. Bedeutung: sekundär.
Grösse: 2.5-4 mm

Fam. Curculionidae

○ **Pissodes piniphilus**
Kiefernstangenrüssler (Pissode pinifilo)

Wirtsarten: *Pinus silvestris, P. montana*
Schaden durch: Larve
Imago ähnlich *P. notatus*, etwas kleiner. Befällt Kiefern mit glatter Rinde (Stangenholz).
Forstl. Bedeutung: meist sekundär an kränkelnden Bäumen; bei günstigen Vermehrungsverhältnissen aber auch primär an gesunden Föhren. Schaden schon im Anfangsstadium feststellbar.
Grösse: 4-5 mm

236

Frassbild von *Pissodes piniphilus*

○ **Pissodes pini**
Kiefernbestandrüssler (Pissode du pin; Pissode del pino)

Wirtsarten: *Pinus silvestris, P. montana*
Schaden durch: Larve
Imago dem *Hylobius abietis* ähnlich.
Forstl. Bedeutung: hauptsächlich im Kronenraum von älteren Föhren. Schaden unbedeutend (vgl. jedoch Arve).
Grösse: 7-9 mm

237

Pissodes pini

Fam. Cerambycidae

* **Rhagium bifasciatum** und **R. inquisitor**
Zweibindiger und Spürender Zangenbock, s. Fichte

* **Tetropium castaneum** und **T. fuscum**
• Zerstörender und Brauner Fichtenbock, s. Fichte

238/239
Rhagium   Tetropium

* **Monochamus sartor** und **M. sutor**
Schneiderbock und Schusterbock, s. Fichte

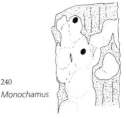

240
Monochamus

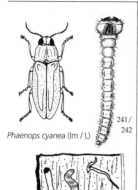

Phaenops cyanea (Im / L)   241/ 242

Larvengänge von *P. cyanea*   243

Fam. Buprestidae

○ **Phaenops cyanea**
Blauer Kiefernprachtkäfer (Bupreste bleu du pin)

Wirtsarten: *Pinus silvestris, P. montana*
Schaden durch: Larve
Imago abgeflacht, einfarbig blau-blaugrün. L mit stark verbreiterter, kurzer Vorderbrust; Gänge in alten Bäumen unter dicker Rinde, ziemlich lang, nur gegen Ende in den Splint eingreifend. Wolkige Anordnung des Bohrmehls typisch.
Forstl. Bedeutung: nicht ganz indifferent, da manchmal auch gesunde Stämme angefallen werden, meist aber sekundär.
Grösse: 8-11 mm

b) Im Holz

* **Trypodendron lineatum**
Linierter Nutzholzborkenkäfer, s. Fichte

* **Urocerus gigas**
Riesenholzwespe, s. Fichte

Thaumetopoea pityocampa

♂

♀   244

245

T. pityocampa «Nest»

IM KRONENRAUM

Lepidoptera

Fam. Thaumetopoeidae

○ **Thaumetopoea pityocampa**
Pinienprozessionsspinner (Processionnaire du pin; Processionaria del pino)

Wirtsarten: *Pinus* spp.
Schaden durch: Larve
Imago: plumper Falter, Vorderflügel braungrauweiss, Hinterflügel mit dunklem Fleck am Hinterrand. Raupen blauschwarz mit braunen Haarbüscheln, leben gesellig in Gespinsten und wandern in langer Einerkolonne (Name!) zu den Frassplätzen; sie überwintern als L3 in dichten, kugeligen, weithin sichtbaren Gespinsten und verpupen sich im Mai im Boden. Mediterrane Art.
Forstl. Bedeutung in der Schweiz: im Tessin, Wallis und Genferseegebiet vorkommend und gelegentlich Schäden anrichtend; schädlicher im Mittelmeerraum. Seit 1989 schädlich in der Leventina, als Folge warmer, rel. trockener Jahre.
Grösse: 8-11 mm

INSEKTEN DER ARVE UND BERGFÖHRE

(*Pinus cembra* und *P. montana*)

IM STAMMRAUM

a) Unter der Rinde

Coleoptera

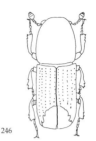

246

Ips amitinus

Fam. Scolytidae

○ ***Ips amitinus*** (U.Fam. Ipinae)
von Fuchs (1913) als *I. amitinus var. montana* = Grosser
Arvenborkenkäfer (Grand bostryche du pin cembro) beschrieben. Es gibt aber keine guten Merkmale, die ihn als eigene
Unterart auszeichnen würden.

Wirtsarten: im Gebirge *Pinus cembra, P. montana*
Schaden durch: Larve
Polygam (s. Fichte), aber Sterngang mit meist 3-4, seltener
mehr, 2.5-3 mm breiten Muttergängen, die bedeutend länger
sind (bis 25 cm) als auf der Fichte.
Grösse: 4-4.5 mm

247

Brutbild von *I. amitinus*

* ***Ips cembrae***
Grosser Lärchenborkenkäfer, s. Lärche

248

Pissodes pini

Fam. Curculionidae

○ ***Pissodes pini***
Kiefernbestandrüssler (Pissode du pin),
s. auch Föhre

Wirtsarten: *Pinus cembra, P. montana*
Schaden durch: Larve
Sehr schädlich auf Arve im Gefolge eines kombinierten Befalls
durch Arvenform des Lärchenwicklers und Arvenminiermotte.
Grösse: 7-9 mm

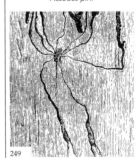

249

Strahlenfrass von *P. pini*

Callidium violaceum

250

C. violaceum Frass

251

Fam. Cerambycidae

* **Callidium violaceum**
Violetter Schönbock (Blauer Scheibenbock; Callidie violette)

Wirtsarten: Pinus cembra, P. montana; L. decidua, P. abies
Schaden durch: Larve
Mehr tertiär in bereits absterbenden oder schon abgestorbenen Bäumen. Elytren mit grober Punktierung. Larvengänge (unter der Rinde) ohne bestimmte Richtung breiter werdend, schliesslich platzartig erweitert; von da Hakengang ins Holz zur Puppenwiege (nicht verwechseln mit Platzfrass von Monochamus sp., der mehr abgerundet und tiefer in den Splint eingegraben ist). Z.T. auch bereits relativ frühzeitiges Eindringen ins Holz, was bedeutenden technischen Schaden zur Folge haben kann.
Grösse: 8-16 mm

b) Im Holz

○ **Trypodendron lineatum**
Linierter Nutzholzborkenkäfer, s. Fichte

IM KRONENRAUM

a) In Ästen und Zweigen unter der Rinde

Fam. Scolytidae

○ **Pityogenes conjunctus** (U.Fam. Ipinae)
Kleiner Arvenborkenkäfer (Petit bostryche de l'arolle)

Wirtsarten: Pinus cembra, P. montana
Schaden durch: Larve
Polygam, macht typischen Sterngang in dünnen Stämmen und in Ästen. Sterngang mit 3-5 relativ langen, etwa 1 mm breiten Muttergängen, diese sowie die Rammelkammer tief in den Splint eingreifend. Flugzeit im Engadin Juli/August.
Grösse: 2.2-2.8 mm

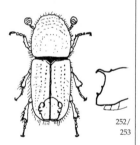

252/
253

P. conjunctus (Im / Absturz)

254

P. conjunctus Frassbild

○ *Polygraphus grandiclava* (U.Fam. Hylesininae)
Kirschbaumborkenkäfer

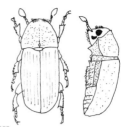

Wirtsarten: *Pinus cembra, P. montana; Prunus* sp.
Schaden durch: Larve
Augen zweigeteilt; Stirn des ♂ mit 2 Höckerchen, beim ♀ mit
feinem, kurzem Haarkranz; polygam: Frassbild ist ein zweiarmiger Muttergang in den Ästen, der längs, quer oder diagonal
von der Rammelkammer ausgeht und stark in den Splint eingegraben ist. Durch den Regenerationsfrass der ♀♀ werden die
Gänge später stark unregelmässig erweitert. Die Larvengänge
sind recht lang, nur mässig in den Splint eingegraben und ver-
laufen im allgemeinen in der Längsrichtung der Äste; sie enden
in einer tief in den Splint versenkten Puppenwiege.
Interessanterweise befällt *P. grandiclava* - neben der Arve -
noch Süss- und Weichselkirsche.
Grösse: 2.5-3 mm

255
Polygraphus grandiclava

256

Brutsystem von *P. grandiclava*

---

b) An frischen Trieben (Maitrieb)

Lepidoptera

○ *Zeiraphera diniana* Ökotyp *cembrae*
Arvenform des Lärchenwicklers

Wirtsarten: *Pinus cembra*
Schaden durch: Larve
Nur das 5. Raupenstadium dieses Ökotyps ist deutlich verschieden von den Raupen der Lärchenform. Während letztere
grauschwarz ist und meist auch schwarze Kopfkapsel, Nacken-
schild und Analschild aufweist, sind die sklerotisierten Teile bei
der Arvenform hellbraun und der Körper gelblich, mit braunen
Streifen. Die Eiräupchen der Arvenform schlüpfen - in Anpas-
sung an das spätere Austreiben der Arve - deutlich später als
jene der Lärchenform.
Grösse: Spannweite ca. 18 mm

257
Zeiraphera diniana

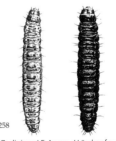

258

Z. *diniana* L5 Arven- / Lärchenform

259

Ocnerostoma piniariella

260

Schadbild von *O. piniariella*

c) An den Nadeln

Fam. Yponomeutidae = Gespinstmotten

○ ***Ocnerostoma piniariella*** (*O. copiosella*)
Arvenminiermotte (Teigne minière de l'arolle; Minatrice dell' cembro)

Wirtsarten: *Pinus cembra*
Schaden durch: Larve
Silbergrau, Hauptflug in den Morgenstunden von 5-7 Uhr, 2 Generationen mit Flugzeiten erste Hälfte Juni und zweite Hälfte Juli. Gewöhnlich nur oberhalb von 1600 m ü.M. (meist 1700-1900 m). Eier werden an der Spitze der Nadeln abgelegt. Die dunkle Raupe miniert von der Spitze der Nadel gegen die Basis. Das reife Räupchen schlüpft aus der Nadel (s. Pfeile), häutet sich nochmals und verpuppt sich zwischen den zusammengesponnenen Nadeln.
Schaden: auch nicht minierte Nadeln eines Kurztriebs sterben ab; gewöhnlich nur Zuwachsverlust. Fällt die Massenvermehrung der Arvenminiermotte mit derjenigen der Arvenform des Lärchenwicklers zusammen, werden die befallenen Bäume abgetötet oder zumindest so stark geschwächt, so dass es zum Befall durch Borkenkäfer und *Pissodes* kommen kann!
Grösse: Spannweite 9 mm

INSEKTEN DER BUCHE

(Fagus silvatica)

Im Pflanzgarten und Jungwuchs

261

Orthoptera

* **Gryllotalpa gryllotalpa**
Werre, Maulwurfsgrille, s. Fichte

Auchenorrhyncha

○ **Fagocyba (Typhlocyba) cruenta** (Fam. Typhlocybidae = Zwergzirpen)
Buchenzirpe (Cicadelle du hêtre)

Wirtsarten: *Fagus silvatica*
Schaden durch: Larve. Imago
Kleinzikade, die auf der Unterseite der Blätter von Buche und Ahorn saugt, wobei sie nicht das Phloem antsicht, sondern den Inhalt der Blattparenchymzellen aussaugt. Durch das Nachströmen von Luft erscheinen die geleerten Zellen dann mehr oder weniger weiss. Bei Massenbefall wirken Buchen grau; ausser reduzierter Assimilationstätigkeit keine weitere Schäden. Schadbild wurde auch fälschlich als Ozonschaden deklariert. Kommt auch auf grossen Buchen vor.
Grösse: ca. 7 mm

262

Fagocyba cruenta

263

Sternorrhyncha

Saugschaden von F. cruenta

○ **Phyllaphis fagi** (Fam. Callaphididae = Zierläuse)
Buchenblatt-Baumlaus, Gemeine Buchenzierlaus (Puceron du hêtre; Afide/Pidocchio bianco del faggio)

Wirtsarten: *Fagus silvatica*
Schaden durch: Larve. Imago
Tiere mit monözischem Generationswechsel auf der Buche. Läuse sind mit dichter, weisser oder bläulich-weisser Wachswolle bedeckt und saugen auf der Unterseite der Blätter. Beschädigen das Blattgewebe. Meist nur bei Keimpflanzen und jungen Kulturen Abtötung der Pflanzen. Kommt auch auf grossen Buchen vor (s. unten).
Grösse: ca. 2 mm

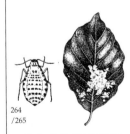

264
/265

Phyllaphis fagi (Im / Kolonie)

71

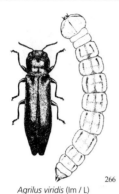

266

Agrilus viridis (Im / L)

267

Buprestis- (l) und Agrilus- (r) Larve

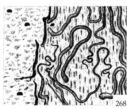

268

Frassbild von A. viridis

269

Gallen von Mikiola fagi

Coleoptera

Fam. Buprestidae

○ **Agrilus viridis**
Grüner Buchen-Prachtkäfer (Bupreste verte, Agrile du hêtre; Agrilo verde)

Wirtsarten: Fagus silvatica; div. Laubbäume
Schaden durch: Larve
Schlimmster Buchenschädling. Käfer einfarbig grün, blau oder golden-kupferfarbig. Flugzeit: Mai bis September.
Reifungsfrass der Käfer an Blättern von Buche, Eiche, Hainbuche, Ahorn und Aspe (polyphag), Eiablage in Häufchen von 3-20 Eiern auf die Rinde der Stämmchen bzw. Äste und Stämme grosser Buchen (s. unten).
Massenvermehrungen meist im Gefolge von Wasserstress oder Sonnenbrand. Die Larven gehören zum Agrilus-Typ der Buprestidenlarven, mit kaum scheibenartig erweitertem Prothorax; Extremitäten stark reduziert; Stigmen halbmondförmig. Bei der Agrilus-Larve trägt das letzte Abdomensegment 2 verhornte Spitzen.
Frassbild: Die jungen Stämmchen werden von den Larven geringelt: zuerst dichte Spiralgänge im Splint, dann geschlängelte Gänge aufwärts im Bast. Letzte grosse Massenvermehrung in Süddeutschland und im Schweizer Jura im Gefolge des heissen Sommers 1947 bis 1952 anhaltend; auch nach dem heissen Sommer 1983 starke Zunahme bis 1986.
Grösse: Käfer 5-9 mm

Diptera

Fam. Cecidomyiidae = Gallmücken

* **Mikiola fagi**
Buchenblatt-Gallmücke (Cécidomyie du hêtre; Cecidomia del faggio)

Wirtsarten: Fagus silvatica
Schaden durch: Gallbildung
Schadbild: eiförmige, zugespitzte dickschalige Beutelgalle (5-6 mm lang) auf der Blattoberseite auf oder neben einer Blattrippe; anfangs grün, später rötlich. ♀-Gallen grösser als ♂-Gallen. Schaden nur bei starkem Auftreten (selten!) an jungen Pflanzen durch Zuwachsverlust. Kommt auch auf grösseren Buchen vor, doch dort ohne Bedeutung.

Schädlinge im Bestand

IM STAMMRAUM

Sternorrhyncha

U.Ord. Coccidea = Schildläuse

● **Cryptococcus fagisuga** (*Cryptococcus fagi*)
Buchen-Wollschildlaus (Cochenille du hêtre, Chermes du hêtre; Cocciniglia del faggio)

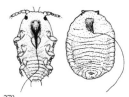

270
Cryptococcus fagisuga (L / Im)

Wirtsarten: *Fagus silvatica*
Schaden durch: Larve
Weibchen fast kreisrund, gelb, beinlos, mit weisser Wachswolle. Männchen nie gefunden. Bis 50 Eier Juli/August, daraus Lauflarve, die sich an Rinde festsetzt und Wachswolle ausscheidet. Überwintertung meist als Junglarve. An Buchen jeden Alters vereinzelt bis massenhaft.
Wird durch Trocknis gefördert. Windverbreitung. Starker Befall verursacht 4-12 Jahre später Rindensterben der Buche. Besaugte Rinde schwillt durch Zellneubildung an und kann krebsartig wuchern. Häufig mit Schleimfluss, wegen Sekundärinfektion mit Pilzen, v.a. *Nectria coccinea*.
Grösse: ♀ bis 0.8 mm

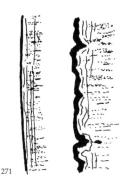

271

Rindenquerschnitt vor und nach dem Befall durch *C. fagisuga*

Coleoptera

a) Unter der Rinde

○ **Agrilus viridis**
Grüner Buchen-Prachtkäfer, s. auch Jungwuchs

Wirtsarten: *Fagus silvatica*
Schaden durch: Larve
Frassbild: Bei gesunden, freigestellten Stämmen bohren sich die L nur oberflächlich ein und bleiben auch dicht unter der Rindenoberfläche. Die Frassgänge können in der Rinde etagenweise übereinander liegen. Dort, wo die Kambialzone schon stark abgeschwächt ist, dringen die L in die Bast-Splintzone vor. Das Bohrmehl ist dunkelbraun, nicht wolkig! Das Gangsystem einer L kann 50-75 cm lang sein; die Verpuppung erfolgt tief im Splint, gelegentlich aber auch in der Rinde; das Flugloch ist horizontal halbmondförmig. Die von *Agrilus* befallenen Rindenpartien haften sehr lange am Stamm und fördern das Vordringen von Pilzinfektionen (Weissfäule).
Grösse: Käfer 5-9 mm

272

Agrilus viridis (Im / L)

273/
274
Taphrorychus bicolor

○ **Taphrorychus bicolor** (Scolytidae; U.Fam. Ipinae)
Kleiner Buchenborkenkäfer

Wirtsarten: *Fagus silvatica*
Schaden durch: Larve
Polygamer Rindenbrüter mit Sterngang. Galt bis 1976 als forstlich unbedeutend, da nur in Ästen oder dünnen Stämmen. Im Trockenjahr 1976 in Oberhessen (BRD) Massenvermehrung in Altholzbestand, in dicken Stämmen. Seit 1983 überregional auch in der Schweiz ziemlich verbreitet. Zwei Generationen. Flugzeiten März und Anfang Juni.
Grösse: 1.6-2.3 mm

b) Im Holz

Fam. Scolytidae

○ **Trypodendron domesticum** (*Xyloterus domesticus*) (U.Fam. Ipinae)
Buchen-Nutzholzborkenkäfer (Xilotero domestico)

Trypodendron
domesticum
(Im / Brutbild)
275/
276

Wirtsarten: *Fagus silvatica, Quercus* sp., *Betula* sp., *Ulmus* sp.
Schaden durch: ♀-Imago
Pilzzüchter! Horizontalgabelgänge, Eingangsröhre radiär. Brutanlage (vom monogamen Weibchen allein angelegt) gabelt sich in mehrere (bis 7 cm lange), meist den Jahrringen folgende horizontale Gänge. Eiablage in regelmässigen Abständen oben und unten in Einischen. L erweitern die Einischen zu kurzen Leitersprossengängen. Puppenlager im Larvengang, der von der Brutröhre durch Genagsel und Kot abgeschlossen ist.
Schaden: technisch an frisch gefällten Stämmen von Buchen, Eichen, Birken, Ulmen und in anbrüchigen, rindenbrandgeschädigten Buchen.
Grösse: 3-3.5 mm

Trypodendron
signatum
(Im / Brutbild)
277/
278

○ **Trypodendron signatum** (*Xyloterus signatus*)
(U.Fam. Ipinae)
Linierter Laub-/Eichen-Nutzholzborkenkäfer

Wirtsarten: *Fagus silvatica*; andere Laubhölzer
Schaden durch: ♀-Imago
In der Lebensweise ähnlich *T. domesticum*, im Aussehen ähnlich *T. lineatum* (s. Fichte). Hauptsächlich in Buchenträmeln, aber auch in anderen Laubholzarten.
Grösse: 3.2-3.8 mm

Abb. 279: Vergleich der 3 *Trypodendron*-Arten:

	T. domesticum	*T. signatum*	*T. lineatum*
Wirtspflanze	Laubholz	Laubholz	Nadelholz
Halsschild	schwarz	braun und gelb	braun und gelb
Absturz	mit Furchen	ohne Furchen	ohne Furchen
Deckflügel	gestreift	gestreift	gestreift
Fühler			

○ *Xyleborus* **(***Anisandrus***) *dispar*** (U.Fam. Ipinae)
Ungleicher Holzbohrer (Bostryche disparate, Bostryche dissem-blable; Bostrico disuguale)

Wirtsarten: *Fagus silvatica, Prunus* spp., *Quercus* spp. u.a.
Schaden durch: ♀-Imago
Imagines: ♂ flugunfähig, rundlich, viel kürzer als ♀; dies flug-fähig und mit üblicher Borkenkäferform.
Geschlechtsverhältnis ♂/♀= 1/5. Pilzzüchter.
Brutbild: Radiale Eingangsröhre, dann primäre Brutröhre in der Richtung der Jahrringe und senkrecht zu diesen, sekundäre Brutröhren, in die je ca. 6 Eier abgelegt und dann mit Bohrmehl verstopft werden. Keine speziellen L-Gänge, L ernährend sich vom Pilz in der Brutröhre; L liegen hintereinander. Einbohrloch der Mutter wird zum Ausschlupfloch der Jungkäfer.
Schaden: Technisch an gefällten Stämmen und physiologisch im Jungwuchs; sehr gefährlich im Obstbau.
Grösse: ♂ 2mm; ♀ 3-3.5 mm

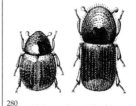

280
Xyleborus dispar (♂ / ♀)

281
/282

Brutbilder von *X. dispar*

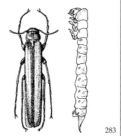

283

Hylecoetus dermestoides (Im / L)

284

Brutbild von *H. dermestoides*

Fam. Lymexylonidae = Werftkäfer

○ **_Hylecoetus dermestoides_**
Sägehörniger Werftkäfer (Lymexylon dermeste)

Wirtsarten: *Fagus silvatica,* div. Laub- und Nadelbäume
Schaden durch: Larve
Befällt Buche und Eiche, aber auch Ahorn, Erle, Esche und Nadelholz. Flugzeit April/Mai. Eiablage in Rindenritzen. Pilzzüchter: im Gegensatz zu Borkenkäfern aber nicht Mutter als Pilzzüchter (kontaminiert nur Ei mit Pilz) sondern L. Frassbild: lange (bis 25 cm) Gänge ohne Bohrmehl. L ernährt sich von einem Pilz, der durch die Mutter aus Abdominaltasche auf die Eier und durch die schlüpfende L ans Holz weitergegeben wird. Käfer gelbbraun, L mit Schwanzstachel, sehr polyphag, technisch besonders schädlich an Eiche und Buche, besonders auf Holzlagerplätzen; im Bestand aber auch nützlich als Stockabbauer.
Grösse: Im 8 (♂) -18 mm (♀); L bis 20 mm

IM KRONENRAUM

a) In den Ästen

285

Agrilus viridis

○ **_Agrilus viridis_** (Fam. Buprestidae)
Grüner Buchen-Prachtkäfer, s. oben

Im Gefolge von Trocknis (z.B. 1983/84) werden häufig die obersten Äste befallen, die dann absterben. *Agrilus*-Befall geht zurück, sobald Niederschlagsdefizite wieder ausgeglichen sind.

* **_Ernoporus fagi_** (Fam. Scolytidae; U.Fam. Ipinae)
Kleiner Laubholzborkenkäfer (Bostryche du hêtre; Crifalo del faggio)

Wirtsarten: *Fagus silvatica,* div. Laubbäume
Schaden durch: Larve
Kleiner Ipine mit unregelmässigen Frassgängen, vor allem in absterbenden Ästen von Buchen und anderen Laubbäumen. Zwei Generationen: Flugzeiten im Mai und im Juli. Nicht schädlich.
Grösse: 1.5-1.8 mm

286/
287

Ernoporus fagi (Im / Brutbild)

b) An den Blättern und Knospen

Sternorrhyncha

○ **Phyllaphis fagi**
Buchenblatt-Baumlaus, s. Jungwuchs

Bei Massenauftreten auf grossen Buchen Zuwachsverlust.
Abtötung grosser Buchen nur auf ungeeigneten Standorten mit
Wasser- und/oder Lichtmangel.

* **Fagocyba cruenta**
Buchenzirpe, s. Jungwuchs

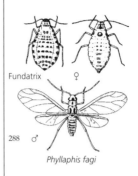

Fundatrix ♀

288 ♂

Phyllaphis fagi

Coleoptera

○ **Melolontha melolontha**
Feldmaikäfer, s. Eiche

○ **Agrilus viridis**
Grüner Buchen-Prachtkäfer, Reifungsfrass der Imagines
Schaden durch: Larve in oberen Kronenästen; Auslichtung.

Fam. Curculionidae = Rüsselkäfer

○ **Rhynchaenus (Orchestes) fagi**
Buchenspringrüssler (Orcheste du hêtre; Orcheste del faggio)

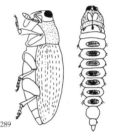

289

Rhynchaenus fagi (Im / L)

Wirtsarten: *Fagus silvatica*
Schaden durch: Larve, Käfer
Kleine, graue Rüsselkäfer mit Sprungbeinen. 1 Generation;
monophag auf Buche. Lochfrass der überwinterten Käfer am
ausbrechenden Buchenlaub, Eiablage auf Mittelrippe eines
Blattes, Larve miniert 2-3 mm in Mittelrippe gegen Blattrand,
dann durch die Blattspreite zwischen oberer und unterer Epidermis; vorerst Gang- dann Platzmine. Larvalentwicklung während 3 Wochen, 10-14 Tage Puppendauer. Jungkäfer fressen
von Mitte Juni bis Mitte September an Blättern und Stielen der
Fruchtansätze, dann kriechen sie in Rindenritzen oder in die Bodenstreu, wo sie eine Adultdiapause durchmachen.
Da meist eine Platzmine an der Blattspitze liegt, erinnert der
Schaden häufig an Frostschäden. Auch starker Schaden erfasst
aber in der Regel nicht mehr als 25% der Assimilationsfläche,
so dass nur mit geringen Zuwachsverlusten gerechnet werden
muss. Springrüsslerbefall kann allerdings relativ häufig an den
gleichen Bäumen auftreten.
Grösse: 2-3 mm

290

Schadbild von *R. fagi*

Lepidoptera

Fam. Lymantriidae

○ **Lymantria monacha**
Nonne, s. Fichte
Auf Buche sogen. Ankerfrass

○ **Lymantria dispar**
Schwammspinner, s. Eiche

291

Calliteara pudibunda ♀

* **Calliteara (Dasychira) pudibunda**
Buchenrotschwanz (Orgye du hêtre; Dasichira pudibonda)

Wirtsarten: *Fagus silvatica*
Schaden durch: Larve
1 Generation. Flugzeit Mai-Juni (d.h. vor *Lymantria dispar*); V-Flügel bräunlich, ♀♀ mit 2 dunklen Querbinden. Raupe grün-lich-gelb, behaart, mit breiten, schwarzen Ring-Einschnitten und langem rotem Haarbüschel an Hinterende; Juni bis Herbst. Bei Erschütterung lässt sie sich zusammengeringelt zu Boden fallen.
Schaden: Im allgemeinen gering, da verhältnismässig später Frass. Gelegentlich Massenvermehrung (Rheinland-Pfalz). Frassfolgen bei wiederholtem Kahlfrass: Zuwachs- und Mastverlust. Bekämpfung nicht ratsam, da Bekämpfungskosten höher als Schaden.
Grösse: Spannweite 40-50 mm

292

Raupe von *C. pudibunda*

Schädlinge im Lager- und Brennholz

Coleoptera

Fam. Cerambycidae

293

Phymatodes testaceus

● **Phymatodes testaceus** (*Callidium variabilis*)
Veränderlicher Scheibenbock (Longicorne variable; Fimatode variabile)

Wirtsarten: *Fagus silvatica*, *Quercus* spp., u.a. Laubhölzer
Schaden durch: Larve
Adultinsekt hellbraun, mit scheibenförmigem Prothorax. Elytren variabel braun bis blauviolett.
Häufigster Bockkäfer in Wohnhäusern, lebt in abgestorbenem, berindetem Laubholz, vor allem Buchen- und Eichenstämmen. L frisst zwischen Rinde und Holz, zum Schluss Hakengang ins Holz. Schädlich in Buchen-Lagerholz von Möbelfabriken.
Grösse: 8-15 mm

294

Frassbild von *P. testaceus*

○ **Clytus arietis**
Widderbock (Clyte commun)

Wirtsarten: *Fagus silvatica*, div. Laubbäume
Schaden durch: Larve
Lebt in abgestorbenem, ausgetrocknetem festem Laubholz, insbesondere auch in Obstbäumen. L frisst anfänglich zwischen Rinde und Holz, anschliessend stösst sie bis zur Kernholzgrenze vor, wo sie längsorientierte, mit hellem Bohrmehl kompakt verstopfte Gänge anlegt. Verpuppung nahe der Oberfläche. 2jährige Entwicklung.
Schaden: zum Teil erheblicher technischer Schaden auch in verarbeitetem Holz.
Grösse: 7-14 mm

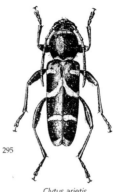

295

Clytus arietis

* **Plagionotus arcuatus**
Eichenwidderbock, s. Eiche

Fam. Anobiidae = Pochkäfer, Nagekäfer

○ **Ptilinus pectinicornis**
Gekämmter Nagekäfer (Ptiline pectinicorne)

Wirtsarten: *Fagus silvatica*, div. Laubbäume
Schaden durch: Larve
Befall durch die ♀♀ sowohl an trockenen Stellen noch lebender Bäume wie auch an gefälltem Holz, Pfählen. ♀♀ legen kurze Brutgänge an. Die Larvengänge sind sehr schmal und dicht mit Frassmehl verstopft (Frassmehl zu einem soliden Docht zusammengepresst).
Schaden: Oft erheblicher technischer Schaden auch in verarbeitetem Holz.
Grösse: 3-5.5 mm

296

Ptilinus pectinicornis ♂

INSEKTEN DER ESCHE

(Fraxinus excelsior)

IM STAMMRAUM

297

Coleoptera

Fam. Scolytidae

○ **Leperisinus varius** *(Hylesinus fraxini)*
(U.Fam. Hylesininae)
Kleiner bunter Eschenbastkäfer (Hylésine du frêne; Ilesino del
frassino)

298

Leperisinus varius

Wirtsarten: *Fraxinus excelsior*
Schaden durch: Larve, Käfer
Nur 1 Generation, mit Geschwisterbruten. Imagines scheckig
beschuppt, monogam.
Brutbild: Sehr charakteristischer, doppelarmiger mütterlicher
Quergang (6-10 cm lang), Larvengänge kurz (ca. 4 cm), dicht
nebeneinander (berühren einander aber nicht), senkrecht zum
Muttergang [Gegensatz: *Hylesinus crenatus* mit distanzierten,
bis 30 cm langen L-Gängen]. Mutter- und Larvengänge tief im
Splint (mit weissem Bohrmehl gefüllt). Oft massenhafter Befall.
Reifungs-, Regenerations- und Überwinterungsfrass: Käfer mi-
niert in der Krone oder in den Schäften junger Stangen in der
grünen Rinde. Dies führt zu grindigen Deformationen, sog.
«Käfergrinden», auch «Eschenrosen» genannt.
Grösse: 2.5-3.5 mm

Brutbild
von
L. varius

299

«Käfergrind»
Schadbild nach
Reifungsfrass
von *L. varius*

300

IM KRONENRAUM

Sternorrhyncha

U.Ord. Aphididea

○ **Prociphilus fraxini** *(P. nidificus)* (Fam. Pemphigidae)
Eschenblattnestlaus, Tannenwurzellaus (Pou du frêne/du sapin)

Wirtsarten: HW *Fraxinus excelsior*; NW *Abies alba*
Schaden durch: Larve, Imago
Bei Befall der Sprossspitzenblätter entstehen durch Hemmung
der Sprossachse Blätterschöpfe von vogelnestähnlicher Gestalt.
An den Wurzeln von Tannen finden sich 2 mm grosse Läuse mit
Wachswollausscheidung (dort primärer Pflanzgartenschädling).

301
/302

Prociphilus fraxini (Schadbild / Im)

303/
304

Psyllopsis fraxini (Schadbild / Im)

305

Prays fraxinella

306

Schadbild von *P. fraxinella*

307

Schälschaden von *Vespa crabro*

U.Ord. Psyllidea = Blattflöhe

* **_Psyllopsis fraxini_** (Fam. Psyllidae)
Eschenblattfloh

Wirtsarten: *Fraxinus excelsior*
Schaden durch: Larve, Imago
L saugt an sich einrollenden Blättern, Im an Blattstielen.
Schaden: Blasig aufgetriebene, lose nach unten eingerollte
Blätter (Rollgalle); der eingerollte Teil ± verdickt, spröde, weitgehend entfärbt, meistens mit rötlicher bis violetter Aderung.
Reichliche Wachsausscheidung (mehrere cm lang) durch die
Larve.
Grösse: 2-2.5 mm

Lepidoptera

Fam. Plutellidae = Schabenmotten

○ **_Prays fraxinella_** (*Prays curtisellus*)
Eschenzwieselmotte (Teigne des bourgeons de frêne)

Wirtsarten: *Fraxinus excelsior*
Schaden durch: Larve
2 Generationen: 1. Gen. fliegt Ende Juni. L minieren in Blättern
(kein Schaden). 2. Gen. fliegt im August. L verlassen Blätter vor
dem Fall und dringen zur Überwinterung in die Terminalknospen ein; im Frühling Fortsetzung von Knospenfrass. Austretender Saft bildet weisse Krusten (typ. Symptom). Wegen des Absterbens von Terminalknospen Doppelbildung (= Verzwieselung) oder Verbuschung.
Grösse: Spannweite 15-17 mm

Hymenoptera

Fam. Vespidae = Faltenwespen

* **_Vespa crabro_**
Hornisse (Frelon)

Wirtsarten: *Fraxinus excelsior*
Schaden durch: Imago
Ringelt junge Stämmchen und Äste in der Nachbarschaft der
Nester (teils zur Saft- teils zur Nestmaterialgewinnung).
Grösse: 24-32 mm

INSEKTEN DER BIRKE

(Betula spec.)

IM STAMMRAUM

a) Unter der Rinde

Coleoptera

Fam. Scolytidae

○ **Scolytus ratzeburgi** (U.Fam. Scolytinae)
Grosser Birkensplintkäfer (Scolyte du bouleau; Scolito della betulla)

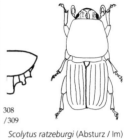

308
/309

Scolytus ratzeburgi (Absturz / Im)

Wirtsarten: *Betula* spp.
Schaden durch: Larve
Eine Generation. Flugzeit: Anfang Juni.
Imagines dunkelbraun glänzend, mit ausgeprägtem Sexualdimorphismus. ♂: 3. Abdominalsegment mit einem kleinen Höcker, Rand des 4. Abdominalsegmentes kielförmig. ♀: 3. und 4. Abdominalsegment mit einfachem Rand.
Frassbild: Einarmiger Muttergang bis 10 cm in Längsrichtung des Baumes.
Typisch: Viele Begattungslöcher, 50-60 in den Splint eingreifende Larvengänge, zu Beginn dicht nebeneinander in Quer-, später getrennt in Längsrichtung des Baumes (15-25 cm lang). Puppenwiege in der Rinde. Die Jungkäfer verlassen den Baum durch selbstgenagte Fluglöcher.
Schaden: Streng monophag, an Birke. Im allgemeinen sekundär, kann aber auch primär werden. Häufig im Norden Europas, selten und nicht sehr wichtig in der Schweiz (Wallis: Lötschbergrampe!).
Grösse: 5-6 mm

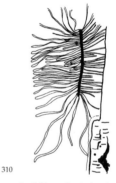

310

Brutbild von *S. ratzeburgi*

b) Im Holz

○ **Trypodendron domesticum**
Buchen-Nutzholzborkenkäfer, s. Buche

* **Trypodendron signatum**
Linierter Laub-Nutzholzborkenkäfer, s. Buche

IM KRONENRAUM

Coleoptera

Fam. Attelabidae = Blattroller

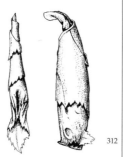

Deporaus betulae

311

* **Deporaus (Rhynchites) betulae**
Birkenblattroller (Rynchite du bouleau; Rinchite della betulla)

Wirtsarten: Betula spp., div. Laubbäume
Schaden durch: Larve, Imago
Imagines mit gut ausgebildetem Rüssel, schwarz mit bräunlicher Behaarung, Fühler nicht gekniet. Hinterschenkel des ♀ verdickt. Ende April/Anfang Mai erzeugt ♀ durch komplizierten S-förmigen Kurvenschnitt der Blätter typische Trichterrollen. Nach Ablage von 2-5 Eiern, wird Trichterspitze geschlossen. L-Entwicklungszeit 2-3 Monate; Verpuppung im Boden. Forstliche Bedeutung gering, aber Trichterrollen auffällig.
Grösse: ohne Rüssel 2.5-4 mm

312

Schadbild von D. betulae

◯ **Byctiscus (Bytiscus) betulae**
Birkenstecher, Rebenstecher, Tütenmacher, Zigarrenwickler (Rhynchite du bouleau, Attelabe, Bécan)

Wirtsarten: Betula, Fagus, Alnus etc., Vitis spp.
Schaden durch: Larve, Imago
Imagines Mai-Juli, ähnlich D. betulae, doch grösser und metallisch grün oder blau; Spitze der Elytren mit sehr feiner, flaumartiger heller Behaarung (nur im Profil sichtbar). Polyphag an Birke, Buche, Erle u.a.. Das ♀ höhlt unter geringer Verletzung der Epidermis den Blattstiel aus. Die Blattspreite wird nahe der Basis eingeschnitten und der Länge nach zigarrenförmig aufgerollt. Pro ♀ bis 30 «Zigarren» mit je 6-15 Eiern. Erwachsene Larven verlassen Blattwickel; Verpuppung im Boden.
Schaden: Im Wald mehr oder weniger indifferent, kann aber im Weinbau sehr schädlich werden (deutscher Name).
Grösse: 5.5-9.5 mm

313

Byctiscus betulae

314

Schadbild von B. betulae

INSEKTEN DER ERLE

(*Alnus incana, A. glutinosa*)

IM STAMMRAUM

Coleoptera

* **Agrilus viridis**
  Grüner Buchen-Prachtkäfer, s. Buche

Fam. Curculionidae

○ **Cryptorhynchus lapathi**
  Erlenwürger (Cryptorhynque/Charançon de l'aune; Criptorrin-
  co/Punteruolo dei salici e dei pioppi)

Wirtsarten: *Alnus* spp.; *Populus, Salix, Betula*
Schaden durch: Larve, Imago
Käfer schwarz, Flügeldecken hinten weiss beschuppt; Rüssel
stark gebogen. Entwicklung 2 Jahre. Eilarven überwintern in Ei-
gelegen an unteren Stammteilen in der Rinde. Im Frühling vorerst dicht unter der Rinde, später im Bast und schliesslich im
Holz. Puppenwiege im Holz. Periphere Frassgänge zeichnen
sich auf der Rinde als dunkle Streifen ab. Aus Einbohrlöchern
fliesst säuerlich riechender Saft. Jungkäfer schlüpfen im August; Reifungsfrass an der Rinde junger Zweige und an Triebspitzen von Erlen, Weiden und Pappeln. Überwinterung in Rin-
denspalten oder im Boden. Kopulation erst im nächsten Frühling (Adultdiapause!).
Schadbild: Aufblähen der Rinde und späteres Rissigwerden; an
solchen Stellen sterben die Zweige ab. Junge Pflanzen können
abgetötet werden.
Grösse: 6-9 mm

315

Cryptorhynchus lapathi

316

Schad- und Frassbild von *C. lapathi*

IM KRONENRAUM

* **Polydrusus (Polydrosus) sericeus**
  Grüner Glanzrüssler (Polidruso sericeo)

Wirtsarten: *Alnus* spp., div. Laubbäume
Schaden durch: Imago
Oberfläche des Käfers grün beschuppt; ergibt seidiges Aussehen. Männchen wesentlich kleiner als Weibchen (Sexualdimorphismus). Frasstätigkeit der Käfer von Mai bis Juli an Erlen und
anderen Laubhölzern. Schaden nur an Jungpflanzen.
Grösse: 6-8 mm

317

Polydrusus sericeus

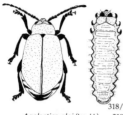

Agelastica alni (Im / L) 318/319

320

Skelettierfrass von *A. alni* L

321

Lochfrass von *A. alni* Im

Fam. Chrysomelidae

● **Agelastica alni**
Blauer Erlenblattkäfer (Galéruque/Chrysomèle de l'aune; Crisomela dell'ontano)

Wirtsarten: *Alnus* spp.
Schaden durch: Larve, Imago
Käfer stahlblau, mit sehr nahe beisammen stehenden Fühlern; überwintert im Boden; Reifungsfrass (Lochfrass) im Frühling. Aus den auf der Blattunterseite abgelegten Eiern schlüpfen schwarz behaarte Larven, die zunächst Epidermis nur oberflächlich benagen und bis zum L3 in Gruppen zusammenleben; Skelettierfrass. Im L3 lockert sich der Verband; grosse L3 fressen auch kleinere Blattnerven. Verpuppung im Boden. Imagines mit Lochfrass an den Blättern (Aug./Sept.). Überwinterung im Boden (Imaginaldiapause). Häufig Kahlfrass der Erlen entlang Autobahnen.
Schaden: Zuwachsverlust; Empfänglichkeit für Sekundärschädlinge; Absterben junger Pflanzen, da auch die junge Rinde angegriffen werden kann.
Grösse: 5-6 mm

○ **Melasoma aeneum** (*Chrysomela aenea*)
Erzfarbener Erlenblattkäfer (Crisomela bronzata)

Wirtsarten: *Alnus* spp., *Betula* spp.
Schaden durch: Larve, Imago
Käfer ähnlich wie *A. alni*, etwas stärker metallisch (grün, blau oder kupferrot) glänzend. Macht Kahlfrass an Erlen im Bergell und Tessin, dort wahrscheinlich 2 Generationen (nördl. der Alpen unbedeutend, 1 Gen.).
Grösse: 7-8 mm

INSEKTEN DER PAPPEL

(Populus spp.)

IM STAMMRAUM

Coleoptera

Fam. Cerambycidae

- ● **Saperda carcharias**

  Grosser Pappelbock (Grande saperde, Saperde chagrinée; Saperda maggiore del pioppo)

  Wirtsarten: *Populus* spp.
  Schaden durch: Larve
  Ledergelb gefärbter, grosser Bockkäfer mit dichter Behaarung und familientypischen Antennen.
  Reifungsfrass der Käfer im August an den Blättern. Die Eier werden am unteren Stammteil in speziell angefertigte Einischen (in die Bastschicht) abgelegt. Die Junglarve macht einen Platzfrass und dringt dann horizontal tiefer ins Holz ein, um anschliessend einen langen, ovalen, nach oben oder unten ziehenden Gang (18-25 cm) zu bohren. Aus dem Bohrloch werden bis zu 2 cm lange Späne ausgeworfen.
  Schaden: Physiologisch und technisch sehr schädlich. Junge Pflanzen sterben entweder ab oder werden später durch den Wind geknickt. Der technische Schaden beruht vor allem auf dem tiefen Eindringen der Tiere in den Holzkörper.
  Grösse: 22-28 mm

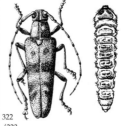

322
/323
Saperda carcharias (Im / L)

324
Frassbild von *S. carcharias*

- ○ **Saperda populnea**

  Kleiner Pappelbock (Saperde du peuplier; Saperda minore del pioppo)

  Wirtsarten: *Populus* spp.
  Schaden durch: Larve
  Elytren dunkel mit je 4-5 gelben, behaarten Erhebungen.
  Eiablage mit Vorliebe in sonnenexponierte, dünne Triebe von Stockausschlägen. Dabei wird eine nach oben geöffnete, hufeisenförmige Furche genagt und unter die angehobene Rindenzunge ein Ei gelegt. Als erste Nahrung der Eilarve dient das Wuchergewebe um den Rindenschnitt herum. Darauf nagt die Larve im äusseren Splint und dringt im 2. Sommer in den Zentralzylinder ein, wo die Befallsstelle gallenartig anschwillt. Diese Galle wird vom Käfer durch ein kreisrundes Loch verlassen.
  Grösse: 9-14 mm

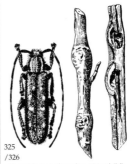

325
/326
Saperda populnea (Im / Frassbild)

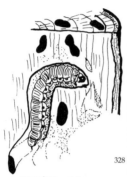

Cossus cossus

327

Larvenfrass von C. cossus

328

Lepidoptera

Fam. Cossidae = Holzbohrer

○ **Cossus cossus**
Weidenbohrer, Holzschabe, Moschusraupe, roter Holzwurm
(Cossus gâte-bois, Chenille du saule, Cossus ronge-bois, Ver
rouge; Perdilegno rosso)

Wirtsarten: Populus spp.; Salix, auch Obst- u.a. Laubbäume
Schaden durch: Larve
Grosse, plumpe Falter; bis fingerlange fleischrote Larve (Raupe).
Eiablage in Rindenrisse unten am Wurzelstock. Die Larve macht
zuerst einen Platzfrass unter der Rinde, dringt dann ins Holz ein
und bohrt Gänge von den Wurzeln bis auf Mannshöhe (Ø 10
bis 15 mm; z.T. bis 80 mm erweitert). Im Gegensatz zu den beiden Bockkäfern wird ein Teil des Bohrmaterials nach aussen ge-
stossen; zudem ist typischer Raupenkot vorhanden. Typisch ist
auch der Holzessiggeruch, den die Raupen beim Bohren ver-
breiten. Die grossen Larven sind äusserst gefrässig und können
mit den gut entwickelten Mandibeln selbst Bleiplatten durch-
nagen.
Schaden: Beträchtlich, da die Larven oft in grösserer Zahl im
gleichen Baum auftreten.
Grösse: Spannweite bis 95 mm; Larve bis 11 cm lang

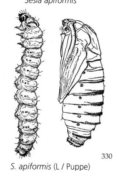

Sesia apiformis

329

S. apiformis (L / Puppe)

330

Fam. Sesiidae = Glasflügler

* **Sesia (Aegeria) apiformis**
Hornissenschwärmer, Grosser Pappelglasflügler (Sésie apiforme; Sesia apiforme)

Wirtsarten: Populus spp.
Schaden durch: Larve
Falter ist hymenopterenähnlich, nicht nur in der Färbung, sondern auch dadurch, dass die Flügel wegen fehlender Schuppen
weitgehend transparent sind (Mimikry = Schein-Warnfärbung).
Die Raupe lebt im Holz, nur die ersten beiden Bauchfusspaare
sind Kranzfüsse, wird bis 40 mm lang. Schaden ähnlich wie bei
Saperda populnea. Die Raupe bohrt sich häufig an Rindenver-
letzungen in unterirdische Stammteile und Wurzeln ein. Sie legt
dabei bis zu 10 cm lange Gänge an. Verpuppung und Aus-
schlupföffnung nahe über dem Erdboden. Die Entwicklung
dauert bei uns meist 2 Jahre. Weibchen legt bis 1200 Eier.
Grösse: Spannweite bis 45 mm

IM KRONENRAUM

Lepidoptera

Fam. Lymantriidae

○ **Leucoma (Stilpnotia) salicis**
Pappel- oder Weidenspinner (Bombyx du saule, Papillon
satiné; Farfalla bianca del pioppo, Stilpnotia del salice)

331

Leucoma salicis

Wirtsarten: *Populus* sp.
Schaden durch: Larve
Falter rein weiss, nur Augen schwarz. Männchen mit gekämm-
ten Antennen. Flugzeit Juli/August, vorwiegend nachts flie-
gend. Eigelege an den Stämmen und Ästen werden vom Weibchen mit einem schnell erhärtenden Sekret überzogen.
Larven mit weissen oder gelben Rückenflecken, so dass Rücken
hell erscheint. Zuerst skelettieren sie die Blätter, später fressen
sie die ganze Blattspreite. Neigt zu Massenvermehrungen, grösste 1978 in der Orbe-Ebene (wurde mit *Bacillus thuringiensis*
bekämpft).
Grösse: Spannweite bis 40 mm (♂); 55 mm (♀)

332

L. salicis Raupe

Coleoptera

Fam. Chrysomelidae

○ **Melasoma populi**
Pappelblattkäfer (Chrysomèle du peuplier, Lina du peuplier;
Crisomela del pioppo)

333

Melasoma populi

Wirtsarten: *Populus* spp.
Schaden durch: Larve, Imago
Käfer schwarzblau, jedoch Elytren rot- bis gelbbraun. Larven
hellgrün. Junglarven befressen Blattunterseite; später wird die
ganze Blattspreite skelettiert.
Schaden: Bei Massenauftreten Kahlfrass mit Zuwachsverlust.
Grösse: 10-12 mm

334

M. populi Schadbild

335

Spiralgalle von *P. spirothecae*

Sternorrhyncha

U.Ord. Aphididea

* **Pemphigus spirothecae** (Fam. Pemphigidae = Wolläuse)
Spiralgallenlaus, Späte Pappelblattstieldrehlaus

Wirtsarten: *Populus* spp.
Schaden durch: Gallenbildung
Spiralig gedrehte Galle an Blattstielen. (Ähnliche, etwas anders geformte Gallen werden von 2 weiteren *Pemphigus*-Arten erzeugt.) Ohne forstwirtschaftliche Bedeutung!

INSEKTEN DER ULME

(Ulmus spp.)

Auf Keimpflanzen und im Jungwuchs

○ *Galerucella luteola*
Ulmenblattkäfer, s. Kronenraum

Schädlinge im Bestand

IM STAMMRAUM

Unter der Rinde

Coleoptera

Fam. Scolytidae; U.Fam. Scolytinae

● *Scolytus (Eccoptogaster) scolytus*
Grosser Ulmensplintkäfer (Grand scolyte de l'orme; Grande scolito dell'olmo)

Wirtsarten: *Ulmus* spp.; *Populus, Salix, Fraxinus, Carpinus*
Schaden durch: Larve, Imago
Käfer: Halsschild schwarz, Flügeldecken braun, oft rötliche Fühler und Tarsen, monogam.
2 Generationen, Flugzeit Ende Mai und Ende August.
Frassbild: Kurzer einarmiger Muttergang in Längsrichtung (meist 2-3 cm, max. 10 cm lang, 2.5-3 mm breit). 50-60 L-Gänge, bis 15 cm lang. Puppenwiege nur bei dünner Rinde im Splint. Die Imago macht einen Ernährungsfrass in Form von auffallenden Gängen bzw. Löchern an der Basis von Blattstielen.
Schaden:
1. Sekundärer Befall kränkelnder Bäume
2. Als Primärschädling befällt er gesunde Bäume hoch in den Wipfeln (v.a. Alleeschädling). Übertragung des Pilzes *Ceratocystis ulmi* durch den Jungkäfer beim Reifungsfrass an Knospen. Dies führt zum «Ulmensterben». Zuerst Welken, dann verfrühter Blattfall, da die Leitbündel im Frühholz (Stamm, Äste und Zweige) vom Pilz verstopft werden (braunschwarz verfärbt).
Grösse: 4-6 mm

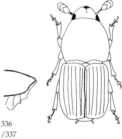

336
/337
Scolytus scolytus (Absturz / Im)

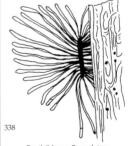

338

Brutbild von *S. scolytus*

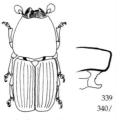

Scolytus multistriatus

339
340/

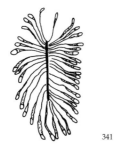

341

Brutbild von *S. multistriatus*

● **Scolytus (Eccoptogaster) multistriatus**
Kleiner Ulmensplintkäfer (Petit scolyte de l'orme)

Wirtsarten: *Ulmus* sp.
Schaden durch: Larve, Imago
Käfer mit grossem Dornfortsatz am 2. Bauchring; monogam.
Frassbild: Einfacher Muttergang in Längsrichtung (wie *S. scolytus*). L-Gänge liegen sehr dicht, zahlreicher als bei *S. scolytus*, aber nur ungefähr gleich lang wie Muttergang. Biologie ähnlich jener von *S. scolytus*, mit dem er meist vergesellschaftet ist. Schaden: gleich wie bei *S. scolytus*.
Grösse: 2-4 mm

IM KRONENRAUM

An Knospen und Blättern

Coleoptera

○ **Scolytus scolytus**
Grosser Ulmensplintkäfer, s. oben
Ernährungs- oder Reifungsfrass!

○ **Scolytus multistriatus**
Kleiner Ulmensplintkäfer, s. oben
Ernährungs- oder Reifungsfrass!

Fam. Chrysomelidae

○ **Galerucella luteola**
Ulmenblattkäfer (Galéruque de l'orme)

Wirtsarten: *Ulmus* sp.
Schaden durch: Larve, Imago
Käfer unten schwarz, oben schmutziggelb bis braungelb; Halsschild mit 3 schwarzen Flecken; Flügeldecken neben dem Schildchen je 1 schwarzer Fleck und schwarze Längsstreifen neben Seitenrand. Häufig an jungen Ulmen und Weiden. Oft massenhaft an Alleebäumen.
Grösse: 6-8 mm

342

Galerucella luteola

Sternorrhyncha

U.Ord. Aphididea

Fam. Pemphigidae = Wolläuse

* **Schizoneura (Eriosoma) ulmi**
Ulmenblattrollgallenlaus (Puceron lanigère)

Wirt: HW *Ulmus* spp., NW *Ribes*
Schaden durch: Gallenbildung
Schadbild: Galle entsteht durch Umrollung und spätere Vertrocknung des Blattrandes (ungeflügelte Stadien an Wurzeln von Johannisbeer- und Stachelbeersträuchern).

343

Schizoneura ulmi

* **Schizoneura lanuginosa** (*Eriosoma lanuginosum*)
Ulmenbeutel-Gallenblattlaus, Birnen-Blutlaus (Puceron de l'orme)

Wirt: HW *Ulmus* spp., NW *Pirus communis*
Schaden durch: Gallenbildung
Schadbild: Die fertige Galle ist bis 4 cm gross, hohl, beutelförmig, mit höckeriger Oberfläche, entsteht aus einer Knospe. Besonders an strauchartigen, freistehenden Feldulmen. Schaden unbedeutend. Biologie noch unvollständig bekannt.
Schädlich im Obstbau (Blutlaus).

344

Schizoneura lanuginosa

* **Tetraneura ulmi**
Ulmenblasengallenlaus (Puceron des petites galles de l'orme)

Hauptwirt: *Ulmus* spp.
Schaden durch: Gallenbildung
Bohnenförmige, gestielte, glatte Gallen auf der Blattoberseite zwischen den Seitenrippen. Sie stehen oft in grosser Zahl und sind anfangs grün, zuletzt vertrocknet braun (Zwischenwirte sind verschiedene Gräser, besonders auch Getreide).

345

Tetraneura ulmi

INSEKTEN DER EICHE

(*Quercus* spp.)

Auf Keimpflanzen und im Jungwuchs

346

* **Melolontha melolontha**
Feldmaikäfer, s. Fichte

* **Gryllotalpa gryllotalpa**
Maulwurfsgille, s. Fichte

Schädlinge im Bestand

IM STAMMRAUM

Im Holz

Coleoptera

Fam. Cerambycidae

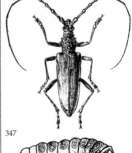

○ **Cerambyx cerdo**
Grosser Eichenbock (Grand capricorne du chêne, Gros ver du bois; Cerambice delle querce)

347

348
Cerambyx cerdo (Im / L)

Wirtsarten: *Quercus* sp.
Schaden durch: Larve
Generationsdauer: 3-4 Jahre. Häufig in alten Eichenbeständen und in isolierten Eichen von Parkanlagen. Imago: grösster Bockkäfer Europas, Flugzeit Juni-Juli, sehr standorttreu. Eiablage auf kränklichen, anbrüchigen Stämmen, die grobrissige Rinde besitzen und besonnt sind (Lichtungen und Wegränder). Larve besitzt ausgeprägte Laufwülste. Sie nagt zu Beginn oberflächliche Gänge im Splint, dann im Kernholz. Querovale Gänge sind fingerdick, bis 50 cm lang, mit Nagemehl vollgestopft (wurstförmig), schwarz von absterbendem Pilzmycel. Puppenwiege am Ende des Hakenganges, mit Genagsel abgeschlossen. Käfer verlässt den Stamm durch die Larvengänge.
Schaden: sekundär, physiologisch und technisch.
Grösse: 30-50 mm; Larve bis 90 mm

349

Frassbild von *C. cerdo*

95

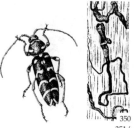

350
351/
Plagionotus arcuatus (Im / Frassbild)

○ *Plagionotus arcuatus*
Eichenwidderbock, Eichenzierbock (Clyte arqué)

Wirtsarten: *Quercus* spp.; *Fagus, Carpinus*
Schaden durch: Larve
Schwarz mit gelber Zeichnung: Prothorax und Schultern der Elytren mit je 2 gelben Punkten, Schildchen gelb, dahinter auf Elytren gelber Punkt und 3 Querbinden. Lebt ähnlich wie *Phymatodes testaceus* (s. Buche), aber auch im Bauholz. Larvengänge oft meterlang unter der Rinde und anschliessend bis tief ins Holz hinein (Holzentwertung).
Grösse: 9-20 mm

○ *Trypodendron domesticum*
Eichen-Nutzholzborkenkäfer, s. Buche

○ *Xyleborus dispar*
Ungleicher Holzbohrer, s. Buche

IM KRONENRAUM

An Blättern und Knospen

Fam. Scarabaeidae

● *Melolontha melolontha*
Feldmaikäfer (Hanneton commun; Maggiolino)

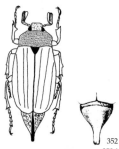

352
353/
Melolontha melolontha ♂
(Im / vergr. Pygidium eines ♂)

Wirtsarten: *Quercus* spp., div. Laubbäume; selten *L. decidua*
Schaden durch: Larve, Imago
Generationsdauer: 3-4 Jahre (im Mittelland 3 J., in den Bergen 4 J.). Imagines hauptsächlich in Laubwaldungen, wo sie in erster Linie Eichen befallen, selten in Nadelholzbeständen.
Flugzeit: je nach Lage und Witterung: Ende April-Anfang Juni. Die Jungkäfer halten sich dicht unter der Erdoberfläche auf, um bei höheren Temperaturen gleich ausfliegen zu können. Anflug der Waldränder für Reifungsfrass abends, hypsotaktisch. Zur Eiablage Rückflug der ♀♀ zum Herkunftsort; Eiablage in Boden mit mittlerer Vegetationsdichte (ungünstig: hohes Gras oder vegetationsloser Boden; sehr günstig: frisch gemähte Wiesen). Es werden Haufen bis zu 40 Eiern bis 12 cm tief in den Boden abgelegt. Rückflug in den Wald für Regenerationsfrass. Wenn neue Eier herangereift, nochmals Eiablage. Entwicklung im Boden (s. Fichte).
Grösse: 25-30 mm

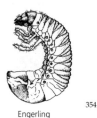

354
Engerling

* **_Melolontha hippocastani_**

Waldmaikäfer (Hanneton forestier, Hanneton marronier)

Wirtsarten: _Quercus_ spp.; div. Laubbäume; _Abies alba_
Schaden durch: Larve, Imago
Ähnlich _M. melolontha_ jedoch etwas kleiner, bevorzugt aber
sandigen Boden, auf dem Feldmaikäfer fehlt; geht auch höher
ins Gebirge. Der Waldmaikäfer frisst auch in Nadelholzbeständen.
Halsschild rostrot, Elytren braungelb (beide weiss behaart); Py-
gidiumspitze plötzlich verengt, in knotig verdickte Spitze aus-
gezogen, besonders deutlich bei ♂.
Grösse: 20-25 mm

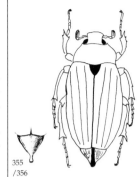

355
/356

Melolontha hippocastani
(vergr. Pygidium eines ♂ / ♀ Im)

Abb. 357:
3- und 4 jähriger
Entwicklungszyklus
des Maikäfers
Melolontha sp.

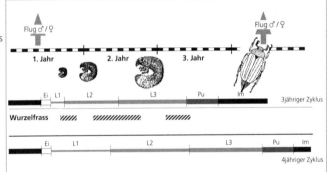

Abb. 358:
Der Maikäferflug in
der Schweiz
(Stand 1948)

Basler Flug:
Jahreszahl geteilt
durch 3, Rest 0
(1947, 50, 53...);
heute im Jura und
Baselbiet fast voll-
ständig
verschwunden

Berner Flug:
analog, Rest 1;
heute im Mittelland
fast vollständig
verschwunden

Urner Flug:
analog, Rest 2

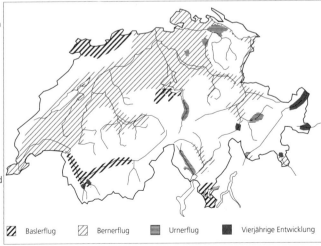

Lepidoptera

Fam. Tortricidae

○ **Tortrix viridana**
Grüner Eichenwickler (Tordeuse verte du chêne; Tortrice verde)

Tortrix viridana (Im / L)   359 360/

Wirtsarten: *Quercus* sp.
Schaden durch: Larve
Eine Generation. Flugzeit: Mitte Juni. Die vorderen Flügel der Falter grün, Hinterflügel grau. Lebensdauer 5-7 Tage. Eiablage: stets 2 Eier gemeinsam auf einem Zweig in der Nähe des Blattansatzes, von gummiartiger Masse umhüllt, die von Staub und Algen bedeckt wird. Überwinterung im Ei, ohne echte Diapause). L grün; L1 fressen unter Knospenschuppen, ab L2 Löcherfrass in Blattwickeln. Verpuppung im Wickel.
Schaden: physiologisch; starker Zuwachsverlust. Vorkommen chronisch; Massenvermehrung mit variabler Periodizität, wobei auch grosse Eichen kahlgefressen werden können. Klassisches Schadengebiet: Nordrhein-Westfalen, Rheintal unterhalb Basel; in der Schweiz im Genferseegebiet.
Grösse: Spannweite 18-23 mm

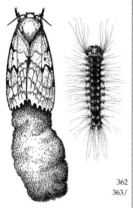

Schadbild von *T. viridana*   361

Fam. Lymantriidae

● **Lymantria dispar**
Schwammspinner (Bombyx disparate, Bombyx spongieux; Limantria/Farfalla dispar)

Wirtsarten: *Quercus* spp.; div. Laubbäume
Schaden durch: Larve
Eine Generation. Flugzeit: Juli/September. Falter schmutzig weiss mit dunklen gezahnten Querstreifen, Hinterleib plump gestutzt. Eiablage meist auf der Rinde des Stammes, mit badeschwamm-farbigen Afterhaaren des ♀ bedeckt (Eierschwämme), daher der Name «Schwammspinner».
Bedeutung: Sehr polyphage Art, sehr schädlich an Obstbäumen. Im Wald besonders an Eiche oder Kastanie. In mediterranen Korkeichenwäldern recht schädlich (Sardinien, Spanien: Bekämpfung mit *Bacillus thuringiensis* oder Kernpolyederviren). In Nordamerika 1869 von einem Insektenliebhaber ausgesetzt und seither grosser Schädling («Gipsy moth»). Die Parasiten, die in Europa regelmässig 70-80% der Raupen vernichten, sind in Amerika schwer akklimatisierbar. 1992/93 starke Schäden an Kastanien im Tessin; Massenvermehrungen auch in Bayern und Rheinland-Pfalz.
Grösse: Spannweite: ♂ 40 mm; ♀ 50-55 mm

362 363/

Lymantria dispar (♀ mit Eiern / L)

L. dispar ♂   364

Differentialdiagnose: *Lymantria dispar* / *Lymantria monacha*

	Lymantria dispar	Lymantria monacha
Hauptwirt	Laubbäume	Nadelbäume
	365	366
Vorderflügel ♀	weiss mit 0-4 schwach bräunlichen Zickzackstreifen und dunklem Punkt über einem deutlichen Winkel	weiss mit 4 dunklen Zickzackstreifen
Vorderflügel ♂	braun mit hellerer Basis	weiss bis graubraun, bei dunkleren Tieren mit dunklerer Basis
Raupe	367	368
	braun, büschelweise mit langen Haaren, Körper mit 3 gelben dorsalen Längslinien oder einem breiten braunen Streifen; auf den ersten 5 Segmenten je 2 blaue, auf den übrigen Segmenten rote Knopfwarzen. Bis 70 mm lang.	grünlich braun bis weisslichgrau, mit meist blauen und hinten wenig roten, grau behaarten Knopfwarzen und hellem Sattelfleck. Bis 50 mm lang.
Eiablage	369	370
	«Eierschwämme» an unterer Stammpartie. Eier in Haufen von 120-800 Eiern. Schwammartig mit gelblich braunen Afterwolle zugedeckt.	Eihaufen (20-100 Eier) an unterer Stammpartie in Rindenritzen. Gelege nackt.

Euproctis chrysorrhoea

371

○ *Euproctis chrysorrhoea*
Goldafter (Bombyx cul brun, Queue d'or; Crisorrea, Farfalla cul ruggine)

Wirtsarten: *Quercus* spp.; div. Laubhölzer
Schaden durch: Larve
Eine Generation. Flugzeit: Juni-August.
V- und H-Flügel rein weiss, V-Flügel der ♂♂ bisweilen am Innenwinkel mit einigen feinen, schwarzen Punkten. Eiablage in kleinen «Schwämmen» auf der Blattunterseite. Eihaufen werden mit goldbraunen Haaren der Hinterleibsspitze des Weibchens bedeckt. Eiraupen schlüpfen teils im Juli, meist im August und leben gesellig. Die Raupen verspinnen im Sommer mehrere Blätter zu einem gemeinsamen filzigen Gespinst, das etwa hühnerei- bis faustgross wird, in dem sie als nur 5 mm lange Raupen überwintern. Im Frühling erneuter Frass an Knospen vom Nest aus, in das sie zunächst immer zurückkehren (charakteristisch: weiteres Ausscheiden von Spinnfäden). Schadfrass im Frühling. Verpuppung: einzeln in versponnenen Blattresten.
Schaden: oft Jahre hindurch vereinzelt, plötzlich gebietsweise Massenvermehrungen. Beträchtliche Schäden an Eichen und in Obstplantagen. Massenvermehrungen gehen oft vom Weissdorn aus! In Deutschland häufig in Gehölzstreifen längs Autobahnen. In Frankreich Ausbrüche an der Atlantikküste, die sich im Verlaufe mehrerer Jahre nach Osten ausbreiten. Hat 1986 Genf und 1987 die Waadt erreicht.
Grösse: Spannweite ca. 30 mm

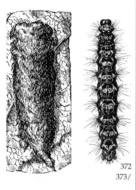

372
373/

E. chrysorrhoea (Eigelege / L)

374

Überwinterungsnest

375

Gallwespe

Hymenoptera

Fam. Cynipidae = Gallwespen

Wenige mm grosse, zarte Wespen mit buckligem Thorax.
3 Arten der Fortpflanzung: bisexuell, parthenogenetisch oder heterogenetisch. Alle Eichengallwespen pflanzen sich heterogenetisch fort: parthenogenetische (♀♀) und zweigeschlechtliche (♂♀) Generationen wechseln regelmässig ab. Eier gestielt, bis 1000 Eier/♀. L mit undeutlichem Kopf, apod. Die Gallenbildung wird bei der Eiablage induziert und nachher durch den Larvenfrass aufrechterhalten.

* ### *Biorrhiza pallida*

Eichenschwammgallwespe; flügellose Wurzelgallwespe
(Cynips aptère des galles radiculaires, Galle en pomme des
bourgeons terminaux des chênes)

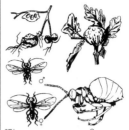

Wirtsarten: *Quercus* spp.
Schaden durch: Gallenbildung
Kartoffelgalle (♂♀): Grosse, vielkammerige, auffällige Gallen
(bis 4 cm Durchmesser). Entwickelt sich aus einer End- oder
Achselknospe. Die kleinen Imagines der ♂♀ Generation schlüp-
fen Ende Juni, Anfang Juli. ♂♂ geflügelt, ♀♀ geflügelt, stum-
melflüglig oder flügellos (je nach Gegend).
Grösse: ♂, ♀: 2-3 mm

376   agames ♀
Biorrhizza pallida
Wurzel- und Kartoffelgallen-
Morphen

Wurzelgalle (♀♀): die begatteten ♀♀ aus den Kartoffelgallen
begeben sich in die Erde (Mitte bis Ende Juli) und legen ihre Eier
an den Wurzeln ab. Dort bilden sich bis 5 mm grosse Wurzelgallen, in denen sich die parthenogenetische (agame) Generation (nur ♀♀) entwickelt. Diese deutlich grösseren, flügellosen
♀♀ verlassen im Winter (Dezember bis Februar) die Wurzelgallen
und die Erde, laufen am Stamm einer Eiche empor und legen
ihre Eier an End- oder Achselknospen.

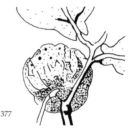

377

Kartoffelgalle von *B. pallida*

* ### *Neuroterus quercusbaccarum*

Eichenlinsengallwespe

Wirtsarten: *Quercus* spp.
Schaden durch: Gallenbildung
Kammergalle (♂♀): Weinbeerenartige, 5-8 mm grosse Gallen,
hauptsächlich im Frühjahr. Entwicklung dieser Gallen an sehr
verschiedenen Teilen der Eiche (Unterseite oder Rand der Blattfläche, Rinde junger Sprosse, an Nebenblättern, an ♂ Blüten
etc.), immer aber die gleiche Form. Im Juni schlüpft die ♂♀-Ge-
neration. Die Gallen trocknen rasch aus, werden braun und fallen ab (kein Schaden für das Blatt).

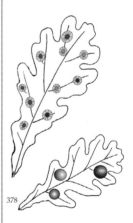

Linsengalle (♀♀): Die begatteten ♀♀ legen ihre Eier in junge
Blätter an der Sprossspitze. Bildung von linsenförmigen Gallen,
die mit einem kurzen Stiel einem dünnen Nerv aufsitzen. Im
Herbst fallen die Gallen getrennt vom Blatt zu Boden. Sie ent-
halten dann noch sehr kleine Larven. Am Boden Veränderung
der Gallenform und Weiterentwicklung der Larven. Im Frühling
Verpuppung. Schlüpfen der ♀♀ Generation im März, Eiablage
an Knospen etc. - Kammergallen.

378

Linsen- (oben) und Kammergallen
(unten) von
Neuroterus quercusbaccarum

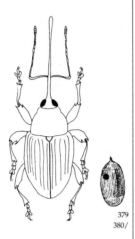

379
380/

Curculio glandium (Im / Schadbild)

Schädlinge der Früchte

Coleoptera

Fam. Curculionidae

○ **Curculio glandium**
Eichelbohrer (Balanin des glands; Balanino/Punteruolo delle ghiande)

Wirtsarten: *Quercus* sp., *Corylus avellana*
Schaden durch: Larve
Gemeinsam mit *Curculio nucum* in Haselnüssen und Eicheln (*C. elephas* auf *Castanea vesca*).
Das ♀ bohrt im Mai/Juni die jungen Früchte an und beschickt das Bohrloch mit einem Ei. Das sehr kleine Bohrloch vernarbt. Äusserlich normale Fruchtreifung; innen Samen ausgefressen, vorzeitiger Fall der Früchte.
Schaden: Beeinträchtigung der Samenernte.
Grösse: 6-9 mm

Lepidoptera

Fam. Tortricidae

381

Cydia splendana
(Im / Schadbild)

382

○ **Cydia (Carpocapsa) splendana**
Eichelwickler, Kastanienwickler (Carpocapse des châtaignes; Tortrice delle castagne)
C. splendana var. *reaumurana*: hellere Variante von *C. splendana*, besonders südlich der Alpen heimisch.

Wirtsarten: *Quercus* sp., *Castanea vesca*
Schaden durch: Larve
Eiräupchen dringt durch Narbe in Frucht ein und höhlt diese aus. Früchte fallen vorzeitig ab.
Grösse: Spannweite 16-19 mm

Glossar

Absturz, Hinterende der Flügeldecken (auch Flügeldeckenabsturz). Bei den meisten Ipinen ist der A. eingebuchtet und dient dem Abtransport von Bohrmehl aus den Muttergängen. Die Absturzzähnelung bei den Ipinen ist artspezifisch verschieden.

alat, geflügelt.

Ambrosiakäfer, s. Holzbrüter.

Anholozyklus, nur parthenogenetische Vermehrung holozyklischer Blattläuse auf dem Nebenwirt (s. auch Schwesterart).

apter, ungeflügelt.

B. thuringiensis, *Bacillus thuringiensis.* Sporenbildende Bakterien, die bei der Sporulation neben der Spore einen Proteinkristall produzieren. Dieser Kristall kann im Darm bestimmter Insekten ein Toxin freisetzen, welches den Darm schädigt, wobei 4 Pathotypen unterschieden werden können mit Wirkung in Larven von: 1. Lepidopteren, 2. Mücken, 3. Blattkäfern, 4. Blattwespen und Mücken (Mikrobiologische Schädlingsbekämpfung).

carnivor, fleischfressend, räuberisch.

Civis, Bezeichnung für alle Morphen, die auf dem Hauptwirt geboren werden.

Diapause, Ruhephase während der Entwicklung; vielfach zur Überdauerung ungünstiger Ernährungs- und Entwicklungsbedingungen.

Diözie, meist obligater Wechsel zwischen zwei Wirtsarten; s. Heterözie.

Exulis, Bezeichnung für alle Blattlausmorphen, die auf dem Nebenwirt entstehen.

Fundatrix, Stammmutter, Blattlausmorphe, die aus dem Winterei schlüpft, Tochter der Sexuales, also einzige bisexuell entstandene Morphe. Pflanzt sich selber nur parthenogenetisch fort.

Galle, in diesem Buch nur Zoocecidie, d.h. durch Milben- oder Insektenstiche oder -bisse induzierte «Wucherung» pflanzlicher Gewebe, mit Ausbildung von artspezifisch unterschiedlichen Formen. Das Auswachsen der Galle wird durch den darin ablaufenden Larvenfrass aufrechterhalten (Gallmilben, Gallenläuse, Gallwespen, Gallmücken).

Geschwisterbrut, 2. gelegentlich auch 3. Nachkommengeneration eines Borkenkäferweibchens, die von der 1. bzw. 2. durch ein Regenerationsintervall getrennt ist (s. Regenerationsfrass).

Hauptwirt, Wirt di- oder heterözischer Blattläuse, auf dem Kopulation und Ablage des befruchteten Eies stattfindet.

Hemimetabola, Insekten mit unvollständiger Verwandlung; kontinuierliche Näherung der Larven- bzw. Nymphenstadien an das Adultinsekt (Imago); vgl. Holometabola).

Heterözie, Wirtswechsel, Überwandern vom Haupt- auf einen oder mehrere Nebenwirt(e) und umgekehrt. Der Wirtswechsel ist obligatorisch, wenn der Lebenszyklus der Art ohne ihn nicht vollständig ablaufen kann.

Holometabola, Insekten mit vollständiger Verwandlung (Metamorphose), bei denen zwischen dem letzten Larvenstadium und der Imago das Puppenstadium eingeschoben wird.

Holozyklus, Generationswechsel zwischen einer zweigeschlechtlichen Generation (Sexuales) und einer oder mehreren eingeschlechtlichen, parthenogenetischen Generation(en). Der H. läuft auf einer Wirtspflanzenart (monözisch) oder auf zwei oder mehr Wirtsarten ab (heterözisch).

Holzbrüter, monogame Borkenkäfer, die ihre Mutter- und Larvengänge im Splint anlegen und mit einem eingebrachten, spezifischen Ambrosiapilz infizieren, deshalb auch Ambrosiakäfer genannt. Käfer und Larven ernähren sich vom Pilzmyzel.

Imago, Adultinsekt.

Kernpolyedervirus, s. NPV.

Larvenfrass, Ernährungsfrass der Larven.

Migrans, Wanderform der Virgo-Morphe, früher nur gebraucht für die Wanderform, die vom Haupt- auf den Nebenwirt (und umgekehrt) überwechselt, heute auch verwendet für geflügelte Formen (Alatae), die von Haupt- zu Hauptwirtspflanze oder von Nebenwirt- zu Nebenwirtspflanze fliegen.

Mimikry, Täuschung. Mit einer Schein-Warntracht durch Form und Färbung täuscht ein harmloses Insekt eine wehrhafte oder ungeniessbare Art vor (z.B. *Sesia apiformis*).

Mine, von Insekten (Minierer) ausgefressene Hohlräume (Gänge = Gangminen; Plätze = Platzminen) in lebenden Pflanzenteilen (v.a. Blätter).

monovoltin, eine Generation pro Jahr.

Monözie, Einhäusigkeit ohne Wirtswechsel bei monophagen und oligophagen Arten der Blattläuse. Gegensatz: Heterözie.

Morphe, Einzelglied eines Blattlaus-Zyklus, kann aus einer oder mehreren Generationen bestehen, ausser der Sexualis-Generation, die nur eine Generation umfasst.

Nebenwirt, Wirt, auf dem nur eine parthenogenetische Vermehrung möglich ist. Die auf dem Nebenwirt entstehenden Blattlausmorphen nennt man Exules.

NPV, Nuclear Polyhedrosis Virus = Kernpolyedervirus. NPV können zur artspezifischen Bekämpfung von schädlichen Hymenopteren oder Lepidopteren verwendet werden (Mikrobiologische Schädlingsbekämpfung).

Nymphe, Larve hemimetaboler Insekten. Hier: letztes Larvenstadium von geflügelten, hemimetabolen Insekten, bei dem die Flügelanlagen bereits stark entwickelt sind.

Ökotyp, für bestimmte Standorte charakteristische, genotypisch häufig identische Individuen.

Oligophagie, kleines Wirtsspektrum. Oft Besiedlung weniger, nahe miteinander verwandter Pflanzen.

omnivor, allesfressend.

Ovipara, Blattlausmorphen, die Eier ablegen. Bei den Aphididea *viviovipara* ist das nur das Sexualis-Weibchen, denn alle anderen Morphen sind vivipar. Bei den Aphididea *ovipara* wie z.B. der Reblaus oder der Fichtengallenlaus sind alle Morphen ovipar.

Parthenogenese, eingeschlechtliche Vermehrung.

physiologischer Schaden, Schaden, der die Vitalität des Baumes reduziert, z.B. durch Unterbrechung des Saftstromes, Reduktion der Assimilationsfläche, Entzug von Stoffen (Saugschäden), Abgabe toxischer Substanzen in den Saftstrom.

Polyphagie, viele Wirtsarten fressend. Im Forst v.a. Arten, die sowohl an Laub- wie an Nadelbäumen fressen.

Primärschädling, befällt vollständig gesunde Wirtsbäume und ist in der Lage deren intakte Abwehr (z.B. Saft- und Harzfluss) zu überwinden (s. auch Sekundär- und Tertiärschädling).

Puppenwiege, (auch Puppenlager) platzartige Erweiterung in der Rinde oder im Splint (z.B. Hakengänge), wo die Puppenruhe stattfindet (v.a. bei Scolytiden, Curculioniden, Cerambyciden).

Rammelkammer, Paarungskammer in der Rinde, ev. auch in den Splint eingreifend, die von polygamen Borkenkäfermännchen als erstes angelegt wird. Ausgehend von der R. legen die Weibchen ihre Muttergänge (Brutgänge) an.

Regenerationsfrass, Frass eines Borkenkäferweibchens nach Bildung einer Brutanlage (Muttergang mit Einischen und Eiern), um erneut Energie zu gewinnen und weitere Eier reifen zu lassen. Dabei oft Ausbildung eines «Witwenganges» ohne Einischen in der Verlängerung des Mutterganges. Sofern die Tiere überleben, können sie (weitere) Geschwisterbruten anlegen.

Reifungsfrass, (Reifefrass), Ernährungsfrass junger Imagines, der zur Erlangung der Geschlechtsreife notwendig ist.

Rhizophagie, Wurzelfrass (vgl. Engerlinge, Maulwurfsgrillen, Drahtwürmer etc.).

Rindenbrüter, Borkenkäfer, die die Rammelkammer, Mutter- und Larvengänge in der Rinde allein oder in Rinde und Splint anlegen. Die Larven und Jungkäfer ernähren sich hauptsächlich vom Bast.

Schwesterart, anholozyklische, aus einer holozyklischen Art hervorgegangene, rein parthenogenetische Art bei Gallenläusen, die nur noch auf dem Haupt- bzw. Nebenwirt lebt.

Sekundärschädling, befällt bereits geschwächte Wirtsbäume, die nur noch geringen Widerstand leisten können (s. auch Primär- und Tertiärschädling).

Sexualdimorphismus, geschlechtsspezifisch unterschiedliche morphologische Ausbildungen.

Sexuales, männliche und weibliche Blattlausmorphen, die parthenogenetisch entstehen, sich aber nur nach Kopulation durch besamte Wintereier fortpflanzen.

Sexuparae, Blattlausmorphen, welche parthenogenetisch entstehen und parthenogenetisch
Geschlechtstiere (Sexuales) produzieren.

Splint, äusserer Teil des Holzes mit Wasserleitge-
fässen (ca. 30 Jahrringe).

Stockbrüter, Insekten, die ihre Brut in absterbenden oder bereits toten Strünken anlegen. Sie
haben eine wichtige Funktion als Destruenten.

technischer Schaden, Schaden, der die Vitalität
des Baumes nicht beeinflusst, jedoch die Holz-
qualität vermindert, z.b. durch Verkrümmung
des Endtriebes (⇨Verkrüppelung); Eindringen
in das Splint- oder Kernholz im gefällten Baum
(Problem: Bockkäfer- und Holzwespenlarven im
Bauholz).

Tertiärschädling, befällt bereits stark geschwäch-
tes, absterbendes oder schon totes Wirtsmate-
rial (s. auch Primär- und Sekundärschädling).

Virgo, Jungfer. Eine Blattlausmorphe, egal ob auf
Haupt- oder Nebenwirt, welche sich partheno-
genetisch vermehrt (virginopar) und auch durch
Parthenogenese entsteht (virginogen).

Vivipara, lebendgebärende Blattlausmorphe.

Literatur

BADER, C. 1989: Milben - Acari. Veröff. Naturhistor. Museum Basel, Nr. 22.

BORROR, D.J., TRIPLEHORN, C.A. & JOHNSON, N.F. 1989: An introduction to the study of insects. 6th. edition. Saunders College Publishing, Orlando, Florida.

BRAUNS, A. 1991: Taschenbuch der Waldinsekten. 4. Auflage. G. Fischer Verlag, Stuttgart.

CECCONI, G. 1924: Manuale di Entomologia Forestale. Tipografia del Seminario, Padova.

DIESSENHORST, G., FECHTER, R., FÜRSCH, H. & JÜNGLING, H. 1986: Lexikon der Tiere Band 1 (2). Lexikograph. Institut, München.

EISENBEIS, G. & WICHARD, W. 1985: Atlas zur Biologie der Bodenarthropoden. G. Fischer Verlag, Stuttgart.

ESCHERICH, K. 1931: Die Forstinsekten Mitteleuropas. Bd. 3 (4). Parey Verlag, Berlin.

GOZMANY, L. 1978: Seven-Language Thesaurus of European Animals Bd. 1(2). Chapman and Hall, London.

GRÜNE, S. 1979: Handbuch zur Bestimmung der europäischen Borkenkäfer. M. & H. Schaper Verlag, Hannover.

HESS, R. 1914: Der Forstschutz. 4. überarbeitete Auflage von R. Beck. B.G. Teubner Verlag, Leipzig. Bd. 1 (2).

HESS, E., LANDOLT, E., HIRZEL, R. 1976: Flora der Schweiz Bd. 1 (3). Birkhäuser Verlag, Basel.

JACOBS, W. & RENNER, M. 1988: Biologie und Ökologie der Insekten. Ein Taschenlexikon. G. Fischer Verlag, Stuttgart.

KÜCHLI, Ch. 1987: Auf den Eichen wachsen die besten Schinken. Verlag im Waldgut, Frauenfeld.

LOCKET, G.H. & MILLIDGE, A.F. 1975: British Spiders. Ray Society c/o British Museum, London.

NOVAK, V., HROZINKA, F. & STARY, B. 1986: Atlas schädlicher Forstinsekten. Übersetzt und bearbeitet von K. Rack. 3. Auflage. F. Enke Verlag, Stuttgart.

NÜSSLIN, O. & RHUMBLER, L. 1927: Forstinsektenkunde. P. Parey Verlag, Berlin.

PFEFFER, A. 1989: Kurovcoviti Scolytidae a jadrohlodoviti Platypodidae. Academia/Praha.

SCHNEIDER-ORELLI, O. 1947: Entomologisches Praktikum. 2. Auflage. Entomologisches Institut ETH Zürich.

SCHWENKE, W. 1974: Die Forstschädlinge Europas. Bd. 1, 2, 3 (5). P. Parey Verlag, Hamburg und Berlin.

SCHWERDTFEGER, F. 1981: Waldkrankheiten. 4. Auflage. P. Parey Verlag, Hamburg und Berlin.

STARY, B. 1990: Atlas der nützlichen Forstinsekten. Überarbeitet und ergänzt von G. Benz. F. Enke Verlag, Stuttgart.

STRESEMANN, E. 1986: Exkursionsfauna. Bd. 1, 2 (4). Volk und Wissen, Volkseigener Verlag, Berlin.

WEBER, H. 1974: Grundriss der Insektenkunde. 5. Auflage. G. Fischer Verlag, Stuttgart.

WURMBACH, H. 1962: Lehrbuch der Zoologie Bd. 2 (2). G. Fischer Verlag, Stuttgart.

Literatur

Bildnachweis

vollständige Literaturliste s. S 106, 107
(**halbfett**: übernommen aus; *kursiv*: verändert nach)

BADER, C. 1989: **7, 8, 9, 10**

BORROR, D.J., TRIPLEHORN, C.A. & JOHNSON, N.F. 1989: **2, 12, 13, 14, 15**

BRAUNS, A. 1991: **17, 18, 52, 58, 62, 64, 66, 68, 80, 81, 82, 83, 85,** *88*, **115,** *126*, **132, 150, 151,** *152*, **156, 161, 191,** *193*, **198, 200, 204, 206,** *217, 238*, **250,** *251, 262*, **263, 268, 269,** *276*, **280,** *281*, **303,** *317*, **361,** *377*, **379**

DIESSENHORST, G., FECHTER, R., FÜRSCH, H. & JÜNGLING, H. 1986: **20, 21, 22, 23, 25, 27, 28, 29**

EISENBEIS, G. & WICHARD, W. 1985: **3, 5, 11, 19**

ESCHERICH, K. 1931: **242,** *381*

GRÜNE, S. 1979: *123, 167, 186, 225, 228, 232, 253, 279, 308, 336, 339*

HESS, R. 1914: **78, 104, 105, 108,** *130, 143*, **154, 196, 201, 209,** *219*, **236, 301, 314, 320, 321, 334, 343, 344, 345,** *349*
Mit freundlicher Genehmigung des Teubner Verlags, Leipzig

HESS, E., LANDOLT, E., HIRZEL, R. 1976: **159**
Mit freundlicher Genehmigung des Birkhäuser Verlags, Basel

JACOBS, W. & RENNER, M. 1988: **24, 26, 44, 50, 65, 98, 100, 106, 107, 109, 111, 124, 127, 153, 202, 216, 218, 264, 265, 282, 284, 288, 305, 306, 311, 312, 322, 324, 326, 350, 351, 365-370, 374, 376**

KÜCHLI, CH. 1987: **55, 179, 203, 261, 297, 346**

LOCKET, G.H. & MILLIDGE, A.F. 1975: **6**
Mit freundlicher Genehmigung der Ray Society, London

NOVAK, V., HROZINKA, F. & STARY, B. 1986: *59, 60, 70, 77, 84, 86, 89, 94, 96, 99, 101, 102, 116, 117, 120, 121, 128, 129, 133, 134, 136, 137, 138, 139, 140, 144, 145, 146, 147, 148, 160, 165, 166, 169, 175, 176, 181, 185, 187, 188, 190, 207, 208, 210, 211, 212, 213, 220, 221, 223, 224, 231, 233, 237, 239, 240, 246, 247, 248, 271, 289, 294, 299, 309, 310, 318, 319, 328, 331, 332, 337, 338, 340, 341, 353, 356, 359, 380*

NÜSSLIN, O. & RHUMBLER, L. 1927: **71, 114,** *149*, **157,** *173*, **235,** *244, 245*, **249,** *256*, **302, 307,** *348*

PFEFFER, A. 1989: *118, 122, 142, 226, 229, 234, 252, 255, 275, 277, 286*
Mit freundlicher Genehmigung des Academia Verlags, Prag

SCHNEIDER-ORELLI, O. 1947: **30, 31, 32, 33, 34, 45, 57, 63, 73, 74, 162, 164, 174, 205, 358, 363**

SCHWENKE, W. 1974: **67, 69,** *87,* **90, 91,** *112,* **171, 172, 177, 178, 183, 189, 192, 194, 195, 197, 214,** *241,* **257, 258, 266, 272,** *273,* **285,** *287,* **298, 290, 292, 293, 295, 296, 300, 304, 315, 316, 327, 329, 330, 333, 342, 347, 362, 364, 371, 372, 373, 382**

SCHWERDTFEGER, F. 1981: **43, 56, 61, 72, 79, 92, 93, 95, 97, 99, 103, 110, 113, 125, 155, 199, 215, 222, 267, 270, 283, 291, 313, 323, 325, 352, 354, 355, 360**

STRESEMANN, E. 1986: **4, 76**

STARY, B. 1990: **51, 53,54**

WEBER, H. 1974: **1**

WURMBACH, H. 1962: **16, 75**

EIGENE ORIGINALE: **48, 119, 131, 135, 158, 163, 168, 170, 180, 182, 184, 227, 230, 243, 254, 259, 260, 274, 278, 357, 378**

Liste der Schadinsekten (nach Wirtsbäumen geordnet)

Insekten der Fichte

Adelges laricis
Adelges tardus
Anthaxia quadripunctata
Camponotus herculeanus
Carabus sp.
Cephalcia abietis
Cinara sp.
Cryphalus abietis
Dendroctonus micans
Dryocoetes autographus
Elater sp.
Epinotia (Asthenia) pygmaeana
Epinotia (Epiblema) tedella
Gilpinia (Diprion) hercyniae
Gryllotalpa gryllotalpa
Hylastes cunicularius
Hylobius abietis
Hylurgops palliatus
Ips amitinus
Ips typographus
Liosomaphis abietina
Lymantria monacha
Melolontha hippocastani
Melolontha melolontha
Molorchus (Caenoptera) minor
Monochamus sartor
Monochamus sutor
Nephrotoma (Tipula) crocata
Otiorhynchus niger
Pissodes notatus
Pityogenes chalcographus
Pityophthorus pityographus
Polygraphus poligraphus
Pristiphora abietina
Rhagium bifasciatum
Rhagium inquisitor
Rhyssa persuasoria
Sacchiphantes abietis
Sacchiphantes viridis
Scotia (Agrotis) segetum
Sirex (Paururus) juvencus
Tetropium aulicum
Tetropium castaneum
Tetropium fulcratum
Tetropium fuscum

Tetropium luridum
Trypodendron (Xyloterus) lineatus
Urocerus (Sirex) gigas

Insekten der Tanne

Cryphalus piceae
Dreyfusia merkeri
Dreyfusia nordmannianae (D. nüsslini)
Dreyfusia piceae
Dreyfusia schneideri
(D. nordmannianae schneideri)
Epinotia (Epiblema) nigricana
Mindarus abietinus
Pissodes piceae
Pityokteines (Ips) curvidens
Pityokteines vorontzowi
Sirex (Paururus) juvencus
Trypodendron lineatum
Urocerus (Sirex) gigas
Zeiraphera rufimitrana

Insekten der Lärche

Adelges geniculatus
Adelges laricis
Callidium violaceum
Coleophora laricella
Dasineura kellneri (D. laricis)
Ips cembrae
Lymantria monacha
Sacchiphantes viridis
Taeniothrips laricivorus
Tetropium gabrieli
Urocerus gigas
Zeiraphera diniana

Insekten der Föhre

Blastesthia turionella (Rhyacionia turionana)
Gryllotalpa gryllotalpa
Hylastes cunicularius
Hylobius abietis
Hylurgops palliatus
Ips acuminatus
Ips amitinus
Ips sexdentatus
Melolontha melolontha
Monochamus sartor
Monochamus sutor
Neodiprion sertifer
Orthotomicus (Ips) laricis
Phaenops cyanea
Pissodes notatus
Pissodes pini
Pissodes piniphilus
Pityogenes bidentatus
Pityogenes bistridentatus
Pityogenes quadridens
Retinia (Petrova) resinella
Rhagium bifasciatum
Rhagium inquisitor
Rhyacionia buoliana
Rhyacionia duplana
Tetropium castaneum
Tetropium fuscum
Thaumetopoea pityocampa
Tomicus (Blastophagus) minor
Tomicus (Blastophagus) piniperda
Trypodendron lineatum
Urocerus gigas

Insekten der Arve und Bergföhre

Callidium violaceum
Ips amitinus var. montana
Ips cembrae
Ocnerostoma piniariella (O. copiosella)
Pissodes pini
Pityogenes conjunctus
Polygraphus grandiclava
Trypodendron lineatum
Zeiraphera diniana Oekotyp cembrae

Insekten der Buche

Agrilus viridis
Calliteara (Dasychira) pudibunda
Clytus arietis
Cryptococcus fagisuga (C. fagi)
Ernoporus fagi
Fagocyba (Typhlocyba) cruenta
Gryllotalpa gryllotalpa
Hylecoetus dermestoides
Lymantria dispar, L. monacha
Melolontha melolontha
Mikiola fagi
Phyllaphis fagi
Phymatodes testaceus (Callidium variabilis)
Plagionotus arcuatus
Ptilinus pectinicornis
Rhynchaenus (Orchestes) fagi
Taphrorychus bicolor
Trypodendron (Xyloterus) domesticum
Trypodendron signatum
Xyleborus (Anisandrus) dispar

Insekten der Esche

Leperisinus varius (Hylesinus fraxini)
Prays fraxinella (P. curtisellus)
Prociphilus fraxini (P. nidificus)
Psyllopsis fraxini
Vespa crabro

Insekten der Birke

Byctiscus (Bytiscus) betulae
Deporaus betulae
Scolytus ratzeburgi
Trypodendron domesticum
Trypodendron signatum

Insekten der Erle

Agelastica alni
Agrilus viridis
Cryptorhynchus lapathi
Melasoma aeneum
Polydrusus (Polydrosus) sericeus

Insekten der Pappel

Cossus cossus
Leucoma (Stilpnotia) salicis
Melasoma populi
Pemphigus spirothecae
Saperda carcharias
Saperda populnea
Sesia (Aegeria) apiformis

Insekten der Ulme

Galerucella luteola
Schizoneura lanuginosa
Schizoneura ulmi
Scolytus (Eccoptogaster) multistriatus
Scolytus (Eccoptogaster) scolytus
Tetraneura ulmi

Insekten der Eiche

Biorrhiza pallida
Cerambyx cerdo
Curculio glandium
Cydia (Carpocapsa) splendana
Euproctis chrysorrhoea
Gryllotalpa gryllotalpa
Lymantria dispar
Melolontha hippocastani
Melolontha melolontha
Neuroterus quercusbaccarum
Plagionotus arcuatus
Tortrix viridana
Trypodendron domesticum
Xyleborus dispar

Index

Index

Index